GAUDIUM ET SPES EM QUESTÃO

Reflexões bíblicas, teológicas e pastorais

Leonardo Agostini Fernandes
(org.)

GAUDIUM ET SPES EM QUESTÃO

Reflexões bíblicas, teológicas e pastorais

Dados Internacionais de Catalogação na Publicação (CIP)
(Câmara Brasileira do Livro, SP, Brasil)

Gaudium et Spes : reflexões bíblicas, teológicas e pastorais / Leonardo Agostini Fernandes (organizador). – São Paulo : Paulinas, 2016. – (Coleção fronteiras)

Vários autores.
Bibliografia.
ISBN 978-85-356-4236-0

1. Bíblia - Meditações 2. Documentos oficiais 3. Ecumenismo 4. Teologia I. Fernandes, Leonardo Agostini. II. Série.

16-07942   CDD-242.5

Índice para catálogo sistemático:
1. Reflexões bíblicas : Cristianismo   242.5

1ª edição – 2016

PAULINAS

Direção-geral: *Bernadete Boff*

Conselho editorial: *Dr. Antonio Francisco Lelo*
Dr. João Décio Passos
Maria Goretti de Oliveira
Dr. Matthias Grenzer
Dra. Vera Ivanise Bombonatto

Editora responsável: *Vera Ivanise Bombonatto*

Copidesque: *Cirano Dias Pelin*

Coordenação de revisão: *Marina Mendonça*

Revisão: *Ana Cecilia Mari*

Gerente de produção: *Felício Calegaro Neto*

Projeto gráfico: *Jéssica Diniz Souza*

Diagramação: *Manuel Rebelato Miramontes*

Nenhuma parte desta obra poderá ser reproduzida ou transmitida por qualquer forma e/ou quaisquer meios (eletrônico ou mecânico, incluindo fotocópia e gravação) ou arquivada em qualquer sistema ou banco de dados sem permissão escrita da Editora. Direitos reservados.

Paulinas
Rua Dona Inácia Uchoa, 62
04110-020 – São Paulo – SP (Brasil)
Tel.: (11) 2125-3500
http://www.paulinas.com.br – editora@paulinas.com.br
Telemarketing e SAC: 0800-7010081
© Pia Sociedade Filhas de São Paulo – São Paulo, 2016

SUMÁRIO

Apresentação 7

PARTE BÍBLICA

O amor de Deus e do próximo na *Gaudium et Spes* 16 e 24 15
WALDECIR GONZAGA

"Pobres sempre tereis convosco": ação da Igreja à luz da *Gaudium et Spes* 41
LEONARDO AGOSTINI FERNANDES

Alguns tópicos de antropologia paulina na *Gaudium et Spes* 65
ISIDORO MAZZAROLO

PARTE SISTEMÁTICO-PASTORAL

O Mistério Pascal à luz da *Gaudium et Spes* 22 83
LUIZ FERNANDO RIBEIRO SANTANA

A relação entre antropologia e cristologia na *Gaudium et Spes* 101
GERALDO LUIZ DE MORI

O bem do matrimônio e da família: na *Gaudium et Spes* e hoje 119
LUÍS CORRÊA LIMA

Ter em vista o ser humano: a *Gaudium et Spes* e o diálogo ecumênico 137
MARIA TERESA DE FREITAS CARDOSO

A autonomia das realidades terrestres a partir da *Gaudium et Spes* 151
MARIA CLARA LUCCHETTI BINGEMER

Igreja e sociedade: da *Gaudium et Spes* a nossos dias 169
MARIO DE FRANÇA MIRANDA

Sobre os autores 181

APRESENTAÇÃO

Na história e na dinâmica do Concílio do Vaticano II, a constituição pastoral *Gaudium et Spes*, "sobre a Igreja no mundo contemporâneo" – promulgada pelo Papa Paulo VI no dia 7 de dezembro de 1965 –, revela e representa, sem dúvida, um estágio de grande maturidade dos padres conciliares pelo seu objetivo, metodologia e conteúdo. Essa constituição destaca a profundidade da doutrina pela sua capacidade pastoral, pois a Igreja deseja responder aos apelos humanos com a Boa-Nova de Jesus Cristo.

Através da *Gaudium et Spes* percebe-se, claramente, o processo vivo de transformação, operado pelo Espírito Santo, que devolveu à Igreja e aos seus ministros a capacidade de ver o mundo e as pessoas, com alegria e esperança; com o amor do próprio Deus, revelado em Jesus Cristo Bom Pastor, que, certamente, continua dizendo à sua Igreja: tenho pena desse povo, são como ovelhas sem pastor, desejosas de pastos verdejantes e água fresca, isto é, de vida plena.

Assim, na *Gaudium et Spes* se percebe, claramente, a Igreja firmemente persuadida de uma certeza: na Palavra de Deus ouvida, acolhida e plenamente vivida é possível a salvação, pela qual os problemas da humanidade encontram uma justa solução segundo os desígnios de Deus. Na concretização dessa certeza, os cristãos, por sua identidade e missão, possuem um papel fundamental para a transformação do mundo. Por tudo isso, a *Gaudium et Spes* é considerada um dos principais documentos desse Concílio.

Estruturada em duas partes, a *Gaudium et Spes* olha para o ser humano e seus principais problemas com atenção, solicitude e capacidade de diálogo. Nessa tríade observa-se a intenção dos padres conciliares: compreender, pela raiz, a humanidade com seus problemas, dilemas, dificuldades, mentalidade, preocupações e esperanças. A partir disso, repropor e iluminar a realidade com a Boa-Nova de Jesus Cristo. Na primeira parte, a Igreja não só demonstra a sua compreensão sobre o ser humano, mas se vê responsável pela promoção da sua vocação e missão no mundo. Na segunda parte, observa com atenção os vários aspectos da vida humana e da sua realização na sociedade. Nota-se que existe uma profunda relação entre as duas partes, pois ambas gravitam em torno da dignidade da pessoa humana, criada à imagem e semelhança de Deus, e da sua principal instituição de vida comunitária: a família, qual dom divino e bem inestimável para o crescimento e transformação da sociedade.

A atenção e a solicitude pastoral, em Jesus Cristo, são os eixos que tornam atual a *Gaudium et Spes* e permitem que as suas percepções, reflexões e propostas continuem promovendo o diálogo, cada vez mais intenso, da Igreja com o mundo. Graças à *Gaudium et Spes*, a Igreja, cinquenta anos após o término do Concílio do Vaticano II, continua atenta aos sinais dos tempos e sempre mais aberta ao ser humano como a sua primeira e fundamental via de ação, profundamente disposta a ser, no mundo, um sinal de alegria e esperança, descobrindo e criando espaços para tornar vivo e eficaz o testemunho do misterioso e incomensurável amor pascal de Jesus Cristo.

A fidelidade a Jesus Cristo e ao seu mandato evangelizador são os fundamentos do serviço que a Igreja é chamada a testemunhar no mundo. Tudo o que acontece ao ser humano e em cada nova geração deve ser interpretado e julgado com misericórdia à luz da Boa-Nova de Jesus Cristo, pois é ele quem revela ao ser humano o sentido mais profundo de vida plena. Sem essa premissa não se compreende o ser humano, as suas ânsias, aspirações e dramas, em particular a pobreza e a desigualdade social que clamam por solução. A fé em Deus, na sua existência e providente ação, anima a Igreja a servir de guia do ser humano no mundo, para que possa discernir o que vem de Deus e serve aos seus desígnios do que é nocivo para a vida.

A Igreja vive no mundo a sua vocação e missão. Ao serviço de Deus e do seu Reino de justiça e paz, ela existe para doar Jesus Cristo ao ser humano e para conduzir o ser humano a Jesus Cristo. É isso que faz do ser humano o centro das atenções da Igreja, pois recebeu de seu Fundador a missão de tornar cada ser humano um discípulo de Jesus Cristo. À luz do Mistério Pascal, o ser humano renasce para o bem, para a justiça e para a verdade que liberta, pois, revelando Jesus Cristo ao ser humano, revela o ser humano a ele mesmo, mostrando a grandeza da sua dignidade. Para que a Igreja cumpra o seu papel, a *Gaudium et Spes* aponta o caminho: estar no mundo de acordo com a lógica do mistério da Encarnação do Verbo Divino, caminho querido por Deus para recapitular tudo em Jesus Cristo.

Enquanto revelação do mistério de Deus e do ser humano, a Palavra de Deus é a fonte animadora da ação da Igreja no mundo, fazendo penetrar em cada espaço a luz do Evangelho, que dá sentido à vida e à convivência humana na sociedade. Por, com e em Jesus Cristo as relações humanas e sociais se transformam e se tornam, cada vez mais, humanizadas e humanizadoras. Com isso emerge a consciência e a certeza de que um autêntico progresso humano não seria possível sem a presença e a ação de Deus no mundo, que se faz através de Jesus Cristo na unção do Espírito Santo. Perde espaço a intransigência e desponta uma Igreja que é luz do mundo, solidária e peregrina com a humanidade desejosa de salvação.

O presente livro reúne nove contribuições sobre a constituição pastoral *Gaudium et Spes* sob os pontos de vista bíblico, teológico e pastoral. Ao lado disso está uma certeza dinâmica: além da reflexão sobre esses aspectos da *Gaudium et Spes*, é preciso repropor a sua recepção e a sua incidência não apenas na comunidade eclesial, mas em todos os níveis da sociedade, porque, depois de cinquenta anos da sua promulgação, aconteceram muitas e profundas mudanças culturais, sociais, políticas e religiosas. Essas mudanças estão criando uma atmosfera bem diferente e colocando a humanidade num contexto de vida inédito em muitos sentidos, mas também mergulhada em grandes indefinições e novas crises. Com essas mudanças surgem, para a Igreja, novas e necessárias concepções pastorais, mais complexas e orgânicas, compreensivas e corresponsáveis no serviço à Boa-Nova da salvação.

Cada contribuição, *de plena responsabilidade de seus autores*, procura mostrar como a Igreja abraça e vem ao encontro do ser humano no mundo pelo diálogo (o que a Igreja é capaz de oferecer ao mundo e o que o mundo é capaz de oferecer à Igreja), a fim de atualizar a mensagem, iluminando a realidade com a verdade basilar: o ser humano, criado à imagem e semelhança de Deus para ser feliz, é capaz de conhecer e amar o seu Criador (*Gaudium et Spes* 12). Um conhecimento determinador do comportamento condizente com a graça de Deus que supera o mal e o pecado pela misericórdia, abrindo o caminho para a humanização e a necessária transformação da sociedade em Jesus Cristo: face misericordiosa do Pai.

Waldecir Gonzaga, num primeiro momento, analisa as citações e referências bíblicas presentes na *Gaudium et Spes*, com uma visão mais ampla do uso tanto do Antigo como do Novo Testamento; num segundo momento, trabalha a questão do "amor de Deus e do próximo" presente na *Gaudium et Spes* 16 e 24.

Leonardo Agostini Fernandes analisa o sentido da fala de Jesus sobre os pobres, no contexto da sua unção em Betânia (Mt 26,11; Mc 14,7;

Jo 12,8), e verifica se o sentido dessa fala foi contemplado na *Gaudium et Spes*, uma vez que ele, sendo rico, se fez pobre em sua benevolência, para que os seus seguidores se tornassem ricos através de sua pobreza (cf. 2Cor 8,9).

Isidoro Mazzarolo mostra que a *Gaudium et Spes* contempla, de modo admirável e incontestável, os mais profundos traços da antropologia bíblica encontrados na pedagogia e na proclamação do Evangelho de Jesus Cristo na missão do apóstolo Paulo. A experiência missionária, anunciada e vivida no dia a dia, faz o evangelizador experienciar amarguras, contradições e alegrias. Paulo, o Apóstolo dos Povos, continua sendo o arquétipo do evangelizador contemplado na *Gaudium et Spes*.

Luiz Fernando Ribeiro Santana faz uma abordagem do mistério do homem à luz do *homem novo*, o Cristo Pascal. Procura fazê-lo a partir de um tema específico: o Mistério Pascal, contido na *Gaudium et Spes* 22. É a partir dessa ótica pascal que "Cristo manifesta plenamente o homem ao próprio homem e lhe descobre a sua altíssima vocação", como afirma o próprio documento.

Geraldo Luiz De Mori afirma que os números "cristológicos" da *Gaudium et Spes* (22, 32, 39, 45) coroam a reflexão antropológica da primeira parte dessa constituição conciliar. Seu legado é parte constitutiva de muitos tratados de antropologia teológica, elaborados a partir da *Gaudium et Spes*. O estudo retoma o contexto teológico-dogmático que antecedeu a essa formulação, apontando, em seguida, o lugar que ocupa nesse texto. Enfim, apresenta as leituras que essa articulação provocou após o Concílio e que, em grande parte, definiram a orientação de muitos estudos de antropologia teológica posteriores ao Concílio.

Luís Corrêa Lima faz uma análise do ensinamento conciliar sobre o matrimônio e a família à luz da *Gaudium et Spes* (47-52), situando-o na evolução histórica que possibilitou a sua formulação. Novos desafios se apresentam nesse campo e devem ser enfrentados com o mesmo espírito do Concílio, isto é, através de um diálogo aberto e fecundo entre a Igreja e as culturas contemporâneas, em vista da evangelização.

Maria Teresa de Freitas Cardoso mostra que a *Gaudium et Spes* se aproxima das pessoas para o diálogo e o serviço, acolhendo o que é humano. Cita-se a *Ecclesiam Suam*, de Paulo VI, que preparava o tema. Destacam-se os mesmos tópicos na *Gaudium et Spes*, que termina desejando o diálogo ecumênico, inter-religioso e universal. É importante que esses diálogos tenham em vista o ser humano.

Maria Clara Lucchetti Bingemer examina algo que é bem característico na *Gaudium et Spes*: a questão da autonomia das realidades terrestres. Em um mundo teocêntrico, essa autonomia nem sempre havia sido respeitada. O Concílio, compreendendo a fé e a Igreja dentro de um mundo antropocêntrico e secular, percebeu a necessidade de que as realidades terrestres sejam livres e gozem de autonomia para crescer e desenvolver-se.

Mario de França Miranda trata da relação entre a Igreja e a sociedade na atualidade. Inicialmente, expõe a novidade da constituição pastoral com relação ao passado, para, numa segunda parte, urgir nova presença da Igreja em face das recentes transformações socioculturais. Finalmente, apresenta a fundamentação teológica das opções centrais da *Gaudium et Spes* nesta questão.

Cada uma das reflexões contidas neste livro "vale não somente para os cristãos, mas também para todos os homens de boa vontade em cujos corações a graça opera de modo invisível. Com efeito, tendo Cristo morrido por todos e sendo uma só a vocação última do homem, isto é, divina, devemos admitir, por isso, que o Espírito de Deus oferece a todos a possibilidade de se associarem, de modo conhecido por Deus, a este Mistério Pascal" (*Gaudium et Spes* 22).

Leonardo Agostini Fernandes,
organizador.

GAUDIUM ET SPES EM QUESTÃO

PARTE BÍBLICA

O AMOR DE DEUS E DO PRÓXIMO NA *GAUDIUM ET SPES* 16 E 24

Waldecir Gonzaga

INTRODUÇÃO

Com seu texto aprovado e publicado no dia 7 de dezembro de 1965, a constituição pastoral *Gaudium et Spes* (GS) surge como um marco muito importante e divisor de águas naquilo que é o *aggiornamento* da Igreja aos tempos atuais, trazido pelo Concílio Vaticano II (1962-1965), com magnitude incomparável na história do Cristianismo, a não ser com a abertura e transição decisivas dos cristãos vindos do Judaísmo aos cristãos da gentilidade, como temos na *Assembleia de Jerusalém*, em 49 d.C. (ROWLAND, 2013, p. 55). Vale a pena recordar que essa *constituição pastoral* reconduziu a Igreja em seu relacionamento positivo com o mundo, muito desprezado antes, como que tendo apenas aspectos negativos. Com ela a Igreja busca e reconquista sua reaproximação com o mundo, dialogando com as várias instâncias nele existentes, especialmente no contexto do pós-guerras mundiais, que assolaram o mundo, sobretudo o Velho Continente.

O Cristianismo sofreu e tem sofrido muito entre ter oferecido uma linha condutora com o Concílio Vaticano II e a prática de suas conclusões e textos finais. Parece que ele realmente não tem conseguido impactar o mundo positivamente com seu projeto de reconstrução desde o pós-guerras, o movimento de 1968 e a queda do Muro de Berlim em 1989. O que é pior, a meta da justiça e da paz para todos parece ter falido (RATZINGER, 2005, p. 11-23). *O amor a Deus e ao próximo*, como dimensões vertical e horizontal de uma mesma fé em Cristo Jesus, não tem conseguido coexistir e moldar o mundo no amor, na paz e na justiça que o Cristo nos pede. As guerras, a fome, a miséria, a violência, o ódio e o terrorismo parecem crescer a cada dia.

Infelizmente, a pobreza aumentou no mundo e nem mesmo o advento dos países socialistas conseguiu erradicar a fome e a miséria no mundo, como prometiam. Pelo contrário, o fosso parece aumentar a cada dia, visto que os excluídos continuam sendo excluídos, e dificilmente passarão a fazer parte do mundo dos incluídos, a não ser uma reduzida parcela da população mundial. A situação se agravou tanto que, mesmo após as esperanças levantadas pelo Vaticano II, com "seus ideais de renovação" (ALBERIGO, 2006, p. 17-22), a Igreja parece não ter sido capaz de recolocar o Cristianismo como a força capaz de refazer a história. A consciência moral e a justiça estão em débito com o mundo, e o Cristianismo precisa renovar sua colaboração na construção de um mundo justo e fraterno.

A experiência e a esperança cristã nos dizem que nunca é tarde para a prática do bem. Faz-se imperativo entender o apelo da GS 16, citando o *mandamento maior do amor de Deus e do próximo*, a partir de Mt 22,37-40 e Gl 5,14, como regra e voz que clamam aos ditames da consciência moral no que tange "ao amor do bem e fuga do mal", tendo presente que existe uma objetividade da moralidade e que, quando se descuida dela, "a consciência se vai progressivamente cegando, com o hábito do pecado" (GS 16). Por isso mesmo é que a consciência deverá ser educada para o juízo moral segundo as exigências evangélicas do "amor de Deus e do próximo" (MANZINI, 2013, p. 227). A mesma coisa nós encontramos na GS 24, que reafirma que o "amor de Deus e do próximo é o primeiro e o máximo mandamento", para se falar da família dos filhos de Deus, chamados a viver seu plano de amor. Aqui temos a defesa daquilo que é "a índole comunitária da vocação humana no plano de Deus", visto que o ser humano é a obra-prima de sua criação, única que Deus quis criar à sua imagem e semelhança (GS 24).

Diante do desafio em se praticar o bem e evitar o mal, a regra que vai guiar a consciência, que é "o centro mais secreto e santuário do homem", é, admiravelmente, "aquela lei que se realiza no amor de Deus e do próximo" (GS 16). Aliás, GS 24 recorda que "a Sagrada Escritura nos ensina que o amor de Deus não pode se separar do amor do próximo", citando Rm 13,9-10 e 1Jo 4,20. Isso nos revela a grandeza do *mandamento maior do amor*, que plenifica e resume todos os demais mandamentos, conforme nos colocam Mateus e Paulo nos textos bíblicos citados pela GS 16 e 24.

Menos de um mês antes da aprovação da constituição pastoral *Gaudium et Spes* (07/12/1965), tivemos a aprovação e publicação do texto da constituição dogmática *Dei Verbum* (DV), em 18/11/1965, que retomou o velho e sempre novo *axioma* "que as Sagradas Páginas sejam como que a alma da Sagrada Teologia" (n. 24), e o decreto *Optatam Totius* (OT) 16: "Formem-se os estudantes no estudo da Sagrada Escritura, que deve ser como que a alma de toda a teologia" (aprovado e publicado em 28/10/1965). Pena que foi com tão pouco tempo de diferença assim. Pois, do contrário, o texto da *Gaudium et Spes* teria vindo muito mais rico ainda em suas bases bíblicas. Sobremaneira, podemos recordar o fato de que o uso até que é abundante, mas sendo sua maioria com referências e indicações em notas de rodapé e não no corpo do texto em si. Mas suas bases bíblicas são boas e, sobretudo, sua Teologia Bíblica é muito boa.

Visto que não será possível, pelo menos no pequeno espaço que temos em nosso artigo, analisar as citações e referências bíblicas presentes nos 93 números da *Gaudium et Spes*, nossa opção é indicar o fundamento bíblico da mesma, com uma visão mais ampla do uso tanto do Antigo como do Novo Testamento e, depois, trabalhar a questão do "amor de Deus e do próximo" presente em GS 16 e 24. Com isso esperamos ajudar o leitor a melhor entender aspectos bíblico-teológico-pastorais da constituição pastoral.

1. BASES BÍBLICAS DA *GAUDIUM ET SPES*

Ao ler o texto da constituição pastoral *Gaudium et Spes*, o leitor logo se depara com poucas citações bíblicas no corpo de seu texto, tendo um uso maior como referências em notas de rodapé. Outra coisa que salta aos olhos é o uso maior do Novo Testamento, e com maior peso no *corpus paulinum*, seguido pelo *corpus evangelicorum*, mas citando todos os *corpora* do Novo Testamento. No que tange ao uso de texto do Antigo Testamento, o peso maior recai sobre o *corpus sapientiale*, seguido do *corpus profeticum*. Mas também aqui todos os *corpora* do Antigo Testamento são citados na *Gaudium et Spes*. Nesse sentido, o Concílio se esforça, e muito, para que as *Sagradas Páginas* sejam valorizadas o máximo possível, pois "a Palavra de Deus é a alma da Teologia" (cf. DV 24; OT 16).

Além da presença das muitas citações bíblicas, é importante ler aquilo que é Teologia Bíblica da *Gaudium et Spes*, que faz um grande convite a todos para que sejamos capazes de "discernir" os sinais dos tempos (GS 4 e 11), pois "a Igreja, guardiã do depósito da Palavra de Deus, do qual tira os princípios para a ordem religiosa e moral, ainda que não tenha sempre resposta imediata para todos os problemas, deseja unir a luz da revelação com a perícia de todos, para que se ilumine o caminho no qual a humanidade entrou recentemente" (GS 33).

A *Teologia Bíblica* presente na *Gaudium et Spes* é da *criação*, de um agir de Deus em vista do bem do homem. O próprio Concílio convoca o homem a colaborar na obra da criação de Deus, exercendo sua corresponsabilidade (PFEIL, 1971, p. 32-35). Mas a *Gaudium et Spes* também não nega a queda do homem, que entrou no mundo por causa do pecado e o deteriorou (LYONNET, 1967, p. 199-203). Por outro lado, a *Gaudium et Spes* também apresenta vários ângulos que podem ser trilhados de forma magistral, pela sua centralidade dialógica, antropológica, profética, pastoral-comunitária, cristológica etc. Aliás, a figura de Cristo é central para a *Gaudium et Spes* (LOPES, 2011, p. 13-20; ROWLAND, 2013, p. 77).

A Igreja que emerge da *Gaudium et Spes* é uma Igreja que se sabe parte do *genus humanum* como *locus* existencial. Por isso mesmo ela quer entrar em diálogo com o mundo e superar a dicotomia reinante entre profano e sagrado. Ela se sabe e se reconhece como parte integrante de tudo aquilo que é humano, "daí sua agenda social e cultural" (MANZINI, 2013, p. 211). É nesse sentido que a *Gaudium et Spes*, em seu último número, não poderia ter outra atitude senão afirmar que "os cristãos nada podem desejar mais ardentemente do que prestar serviço aos homens do mundo de hoje, com generosidade sempre maior e mais eficaz" (n. 93).

O texto da *Gaudium et Spes* foi aprovado e publicado no dia 7 de dezembro de 1965. Pouco tempo antes, nós tivemos a aprovação e publicação do texto da constituição dogmática *Dei Verbum*, no dia 18 de novembro de 1965, que retomou o velho e sempre novo *axioma* (APARICIO VALLS, 2011, p. 263-264) de "que as Sagradas Páginas sejam como que a Alma da Sagrada Teologia" (n. 24), e do decreto *Optatam Totius* 16: "Formem-se os estudantes no estudo da Sagrada Escritura, que deve ser como que a alma de toda a teologia", com texto aprovado e publicado em 28 de outubro de 1965. Mas, sobretudo, a *Dei Verbum* deu um novo impulso ao estudo e uso das Sagradas Escrituras na vida da Igreja e nos estudos teológicos em geral (PIAZZA, 1986, p. 15-17).

Impulso esse que foi retomado e intensificado com o documento da Pontifícia Comissão Bíblica, de 1993, sobre a *Interpretação da Bíblia na Igreja* (FITZMYER, 2011, p. 13-28).

Um dado interessante é, então, observar como a *Gaudium et Spes* usou as *Sagradas Escrituras* em seus vários *corpora*, tanto do Antigo como do Novo Testamento. Mais ainda. Cremos ser interessante correr os olhos e ver como a *Gaudium et Spes* usou cada um dos livros de cada *corpus* do Antigo e do Novo Testamento a fim de que possamos ver onde temos um peso maior. Sem deixar de observar que a maioria das citações são indiretas e em nota de rodapé, com indicações para que o leitor confira em sua própria Bíblia, é preciso não perder de vista que a Igreja que vai emergindo do Vaticano II, já em decorrência de seus vários documentos bíblicos, sobretudo com as encíclicas bíblicas de Leão XIII (*Providentissimus Deus*, de 18/11/1893), de Bento XV (*Spiritus Paraclitus*, de 15/09/1920,) e de Pio XII (*Divino Afflante Spiritu*, de 30/09/1943), é uma Igreja que vai valorizando cada vez mais o encontro de Bíblia com teologia (RAHNER, 1972, p. 7-19).

Vejamos agora um *quadro referencial* do uso das Sagradas Escrituras na *Gaudium et Spes*, dividido entre o uso do Antigo e o uso do Novo Testamento. Também procuramos subdividir entre os vários blocos que temos nas divisões bíblicas para os dois testamentos e, por fim, procuramos indicar se o uso foi no corpo do texto da *Gaudium et Spes* ou se foi referencial, remetido apenas como citação em nota de rodapé. Por isso o leitor vai encontrar sempre o texto bíblico e sua citação no referido número da *Gaudium et Spes* e se foi em nota de rodapé ou não. Quando aparece apenas o número da *Gaudium et Spes*, significa que o uso foi no corpo de seu texto. Do contrário, indicamos o número da *Gaudium et Spes* e mais a nota de rodapé em que o texto bíblico foi citado, remetendo a um *cf*. Nesse sentido, o gráfico é bastante simples, de fácil leitura, e pode nos ajudar muito a correr os olhos e a fazer uma análise do emprego das Sagradas Escrituras na *Gaudium et Spes*.

USO DO ANTIGO TESTAMENTO NA *GAUDIUM ET SPES* (*TANAK* E *LXX*)			
Pentateuco (2)	Históricos (2)	Sapienciais (5)	Profetas (5)
Gênesis: 1,26 (GS 12, nota 1); 1,26-27 (GS 34, nota 1); 1,27 (GS 12); 1,28 (GS 50; GS 57, nota 3); 1,31 (GS 12); 2,18 (GS 50); 2,22-24 (GS 49, nota 10); 9,2-3 (GS 32, nota 1). Êxodo: 3,7-12 (GS 32); 24,1-8 (GS 32, nota 14).	1 Reis: 16,7 (GS 14, nota 7). Tobias: 8,4-8 (GS 49, nota 10).	Salmos: 8,5-7 (GS 12); 8,7.10 (GS 34, nota 2). Provérbios: 5,18-20 (GS 49, nota 10); 8,30-31 (GS 57, nota 4); 31,10-31 (GS 49, nota 10). Cântico dos Cânticos: 1,2-3; 2,16; 4,16–5,1; 7,8-11 (GS 49, nota 10). Sabedoria: 1,13 (GS 18, nota 14); 2,23 (GS 18, nota 1); 2,23-24 (GS 18, nota 14); 9,2-3 (GS 34, nota 1). Eclesiástico: 15,14 (GS 17, nota 12); 17,3-10 (GS 12, nota 2); 17,7-8 (GS 15, nota 8).	Isaías: 2,4 (GS 78); 32,7 (GS 78); 54 (GS 48, nota 3); 58,1-12 (GS 43, nota 15). Jeremias: 3,6-13 (GS 48, nota 3); 17,10 (GS 14, nota 7). Ezequiel: 16 e 23 (GS 48, nota 3). Daniel: 3,57-90 (GS 14, nota 5). Oseias: 2 (GS 48, nota 3).

USO DO NOVO TESTAMENTO NA *GAUDIUM ET SPES* (*Koiné*)						
Evangelhos (4)	Atos	Paulo (8)	Pastorais (2)	Hebreus	Católicas (4)	Apocalipse

Mateus: 4,4 (GS 86); 5,9 (GS 77); 5,43-44 (GS 28); 5,45-47 (GS 28, nota 12); 7,1-2 (GS 28, nota 11); 7,21 (GS 93, nota 2); 9,15 (GS 48, nota 4); 13,24-30.36-43 (GS 37, nota 8); 16,24 (GS 22, nota 26); 16,26 (GS 64, nota 3); 19,4 (GS 50); 19,6 (GS 48); 20,28 (GS 3, nota 3); 22,37-40 (GS 16, nota 11); 22,39 (GS 41, nota 9); 23,3-33 (GS 43, nota 16); 24,13 (GS 37, nota 8); 25,40 (GS 27); 28,18 (GS 38, nota 13).

Marcos: 2,19-20 (GS 48, nota 4); 2,27 (GS 26, nota 6); 7,10-13 (GS 43, nota 16); 8,36 (GS 72, nota 16); 10,45 (GS 3, nota 3); 12,39-44 (GS 72, nota 16).

Lucas: 1,1-31 (GS 64, nota 3); 2,14 (GS 76, nota 10); 3,11 (GS 72, nota 16); 5,34-35 (GS 48, nota 4); 6,37-38 (GS 28, nota 11); 9,25 (GS 39, nota 22); 10,30ss (GS 72, nota 16); 11,41 (GS 72, nota 16); 14,27 (GS 22, nota 26); 16,19-31 (GS 27, nota 9); 17,33 (GS 24, nota 2).

João: 1,3.14 (GS 38, nota 10); 1,9-10 (GS 57); 1,22 (GS 22, nota 34); 3,14-16 (GS 38, nota 12); 3,17 (GS 3, nota 3); 3,29 (GS 48, nota 4); 8,34 (GS 13, nota 4); 12,31 (GS 13); 13,35 (GS 93); 15,13 (GS 32); 17,21-22 (GS 24); 18,37 (GS 3, nota 2).

Atos: 1,7 (GS 39, nota 15); 2,36 (GS 38, nota 13); 4,12 (GS 10, nota 6); 17,26 (GS 24).

Romanos: 1,21-25 (GS 13, nota 3); 2,1-11 (GS 28, nota 11); 2,14-16 (GS 16, nota 9); 5,8-10 (GS 38, nota 12); 5,14 (GS 22, nota 20); 5,15.18 (GS 52, nota 17); 5,21 (GS 18, nota 14); 6,5-11 (GS 52, nota 17); 6,23 (GS 18, nota 14); 7,14ss (GS 10, nota 4); 8,1 (GS 22); 8,1-11 (GS 22, nota 28); 8,14-17 (GS 41, nota 8); 8,15 (GS 22, nota 34); 8,17 (GS 22, nota 30); 8,19-21 (GS 39, nota 21); 8,23 (GS 22); 8,29 (GS 22, nota 27); 8,32 (GS 22, nota 32); 12,2 (GS 37); 13,1-5 (GS 74, notas 3 e 4); 13,9-10 (GS 24); 14,10-12 (GS 28, nota 11); 15,16 (GS 38, nota 14).

1 Coríntios: 2,9 (GS 39, nota 18); 3,14 (GS 39, nota 20); 3,22-23 (GS 37); 6,13-20 (GS 14, nota 6); 7,3-6 (GS 49, nota 10); 7,5 (GS 50, nota 12); 7,31 (GS 39, nota 16); 13,8 (GS 39, nota 20); 15,42.53 (GS 39, nota 19); 15,56-57 (GS 18, nota 15).

2 Coríntios: 4,4 (GS 22, nota 21); 4,14 (GS 22, nota 29); 5,2 (GS 39, nota 17); 5,10 (GS 17, nota 13); 5,15 (GS 10, nota 5); 5,18-19 (GS 22, nota 25); 6,2 (GS 82, nota 5); 6,10 (GS 37, nota 9); 8,13 (GS 72, nota 16); 11,2 (GS 48, nota 4).

Gálatas: 2,20 (GS 52, nota 17); 4,6 (GS 22, nota 34); 5,14 (GS 16, nota 11).

Efésios: 1,3.5-6.13-14.23 (GS 40, nota 3); 1,10 (GS 38, nota 11; GS 45; GS 58, nota 6); 1,14 (GS 22); 2,16 (GS 78, nota 1); 3,20-21 (GS 93); 4,15 (GS 78); 4,28 (GS 43, nota 14; GS 72, nota 16); 5,16 (GS 52, nota 15); 5,25 (GS 48, nota 5); 5,25-33 (GS 49, nota 10); 5,27 (GS 48, nota 4); 5,32 (GS 48, nota 9).

Filipenses: 1,27 (GS 21, nota 18); 3,10 (GS 22, nota 30).

Colossenses: 1,15 (GS 10, nota 8; GS 22); 1,20-22 (GS 22, nota 25; GS 72, nota 1); 3,1-2 (GS 57, nota 2); 3,10-14 (GS 22, nota 27); 3,17 (GS 64, nota 3); 4,5 (GS 52, nota 15).

2 Tessalonicenses: 3,6-13 (GS 43, nota 14).

1 Timóteo: 5,3 (GS 48, nota 8); 6,8 (GS 72, nota 16).

Tito: 3,4 (GS 40, nota 2).

Hebreus: 4,15 (GS 22, nota 24); 13,8 (GS 10, nota 7); 13,14 (GS 43, nota 13).

Tiago: 1,15 (GS 18, nota 14); 2,15-16 (GS 27, nota 8); 5,1-6 (GS 72, nota 16).

1 Pedro: 2,21 (GS 22, nota 26); 5,3 (GS 72, nota 16).

2 Pedro: 3,13 (GS 39, nota 17).

1 João: 3,1-2 (GS 22, nota 34); 3,17-18 (GS 72, nota 16); 4,8 (GS 38); 4,20 (GS 24).

Apocalipse: 19,7-8 (GS 48, nota 4); 21,2.9 (GS 48, nota 4); 21,4-5 (GS 39, nota 18); 22,12-13 (GS 45).

2. O AMOR DE DEUS E DO PRÓXIMO NA *GAUDIUM ET SPES* 16 E 24

A constituição pastoral *Gaudium et Spes* usa o *substantivo* amor ligado a muitas realidades, aparecendo oitenta e sete vezes em todo o documento, sem contar a ocorrência do *verbo* amar (oito vezes). Começa falando do "amor do Criador" que criou e conservou o mundo (GS 2 e 19), para, logo em seguida, falar do "respeito e do amor" do Concílio "para com a inteira família humana" (n. 3), "o espírito do homem à busca do amor da verdade e do bem" (n. 15), bem como sobre a voz da consciência "que chama ao amor do bem e fuga do mal", para, no mesmo número, falar do "amor de Deus e do próximo" como plenitude da lei (GS 16, citando Mt 22,37-40 e Gl 5,14, ainda que em nota de rodapé). Esse tema vai ser retomado em GS 24, afirmando que "o amor de Deus e do próximo é o primeiro e o máximo mandamento", citando Rm 13,9-10: "a plenitude da lei, portanto, é o amor", além de recordar que o amor a Deus pede correspondência no amor ao irmão (cf. 1Jo 4,20); reaparece em GS 28, insistindo que é preciso amar até mesmo os inimigos (cf. Mt 5,43-44); e, por fim, é retomado em GS 78, afirmando que "a paz terrestre surge do amor do próximo", visto ser ele a imagem do amor de Cristo, emanado do Pai. Com isso, a Igreja conciliar renasce sabedora de sua missão divina e humana (CHENU, 1967, p. 337).

Mas também é interessante ver o emprego das várias ocorrências do *substantivo* amor ao longo da *Gaudium et Spes* sempre ligado a alguma realidade da vida, ou seja: Ressurreição e amor (n. 2, 22, 32, 37, 38, 52, 78), o amor do homens (n. 21), o amor à justiça (n. 21), o amor do Pai (n. 22, 32, 38, 40, 45, 93), a lei nova do amor (n. 21, 38), a ordem social e o amor (n. 26), o respeito e o amor (n. 28), amor e benevolência e o preceito do amor (n. 28), o amor como plenitude da lei (n. 32), amor-próprio desordenado (n. 37, 38), Deus é amor (n. 38), relação amor, justiça e paz (n. 39, 77, 78), o desígnio do amor de Deus (n. 45), o amor e o respeito pela vida (n. 21), o amor conjugal (n. 47, 48, 49, 50, 51), o amor livre e suas deformações (n. 47), o amor do simples prazer (n. 47), relação amor e fidelidade (n. 48, 51, 52), amor entre Cristo e a Igreja (n. 48), a graça do amor casto e indivisível entre marido e mulher (n. 49), relação e cooperação com o amor Criador e Salvador (n. 50), a família e o amor (n. 61), o amor e o Reino de Deus (n. 72), cidadãos e amor da Pátria (n. 75), o amor do Redentor (n. 76), o Espírito de Amor (n. 78), o amor dos homens (n. 82), o amor de

Cristo para com os pobres (n. 90), o amor e as urgências necessárias de nossa era (n. 91), o diálogo e o amor pela verdade (n. 92), entre as várias ocorrências e suas interligações temáticas e contextuais, como podem ser percebidas pelo leitor ao longo do texto da *Gaudium et Spes*.

Visto isso, analisemos agora os números da GS 16 e 24 que falam do "amor de Deus e do próximo". A primeira ocorrência dessa expressão se dá no texto de GS 16,[1] em seu item sobre a "Dignidade da consciência moral", e a segunda ocorrência aparece no texto de GS 24,[2] em seu item a "Índole comunitária da vocação humana", conforme lemos a seguir:

Gaudium et Spes 16	Gaudium et Spes 24
"No fundo da própria consciência, o homem descobre uma lei que não se impôs a si mesmo, mas à qual deve obedecer; essa voz, que sempre o está a chamar ao amor do bem e fuga do mal, soa no momento oportuno, na intimidade do seu coração: faze isto, evita aquilo. *O homem tem no coração uma lei escrita pelo próprio Deus*; a sua dignidade está em obedecer-lhe, e por ela é que será julgado. A consciência é o centro mais secreto e o santuário do homem, no qual se encontra a sós com Deus, cuja voz se faz ouvir na intimidade do seu ser. *Graças à consciência, revela-se de modo admirável aquela lei que se realiza no amor de Deus e do próximo*" (cf. Mt 22,37-40 e Gl 5,14).	"E por isso, *o amor de Deus e do próximo é o primeiro e maior de todos os mandamentos*. Mas a Sagrada Escritura ensina-nos que *o amor de Deus não se pode separar do amor do próximo*, '... todos os outros mandamentos se resumem neste: *amarás o próximo como a ti mesmo... A caridade é, pois, a lei na sua plenitude*' (Rm 13,9-10; cf. 1Jo 4,20). Isto revela-se como sendo da maior importância, hoje que os homens se tornam cada dia mais dependentes uns dos outros e o mundo se unifica cada vez mais."

Interessante perceber que tanto GS 16 como GS 24 citam a frase colocando a regência com a preposição "de" (que daria o caso *genitivo* em grego, indicando a origem do amor), com o substantivo, a saber, "o *amor* de Deus e do próximo", e não com a preposição "a" (que daria o caso *acusativo* em grego, indicando o objeto do amor), com o verbo, como

---

[1] GS 16: "Conscientia modo mirabili illa lex innotescit, quae in Dei et proximi dilectione adimpletur" (cf. Mt 22,37-40 e Gl 5,14).

[2] GS 24: "Quapropter dilectio Dei et proximi primum et maximum mandatum est. A Sacra autem Scriptura docemur Dei amorem a proximi amore seiungi non posse: '... si quod est aliud mandatum, in hoc verbo instauratur: Diliges proximum tuum sicut teipsum... Plenitudo ergo legis est dilectio' (Rom 13,9-10; Cf. Io 4,20)".

encontramos no texto bíblico, ou seja: "*amarás* a Deus e ao próximo". O grande desafio é a construção de uma sociedade baseada no amor e na justiça e o grande modelo é este bíblico a partir da linha positiva do "amor de Deus e do próximo", e não da linha negativa de "condenação do mundo" (AMOROSO LIMA, 1967, p. 154-159). Aliás, para a *Gaudium et Spes*, o nosso amor ao próximo é a medida do nosso amor a Deus e paradigma para a construção de um mundo justo e fraterno.

A Igreja, que tinha sofrido muito após a *Revolução Francesa* e que em 1864 tinha condenado o mundo com o documento *Syllabus*, e outros tantos documentos, agora tenta uma aproximação em vista da construção de um mundo melhor, respeitando os campos de ação de cada um: "No domínio próprio de cada uma, comunidade política e Igreja são independentes e autônomas" (GS 76). A própria visão muito negativa de todo o processo de secularização no qual o mundo estava sendo profundamente mergulhado pedia da Igreja um novo posicionamento, não mais negativo, como vinha sendo. Não é à toa que a preocupação de João XXIII, que abriu o Concílio, e de Paulo VI, que o encerrou, era aquela de como a Igreja vê e olha o mundo, obra da criação de Deus em vista do bem comum do homem.

A Igreja, mais do que nunca, sai do Concílio sabedora de que faz parte do mundo, participa da vida moderna em todos os seus aspectos e não pode mais ver o mundo e o ser humano como antes. Por isso sabe que não pode fazer um Concílio Vaticano II para "explicar" ou "concluir" o Concílio Vaticano I (1869-1870), como que para se realizar uma "exegese" das decisões do Concílio anterior. Não, ela precisa dar passos e ajudar o mundo a partir de uma visão objetiva e não condenatória do mundo de hoje (AMOROSO LIMA, 1967, p. 157).

A Igreja do Concílio Vaticano II tem plena consciência de que uma nova era se iniciou e convoca a todos para que tenham sempre e em todos os tempos uma sensibilidade para perceber os sinais dos tempos. Mas a Igreja tem o dever de "interpretá-los à luz do Evangelho" (GS 4). Diante disso, o Concílio não tem dúvidas em convocar todos para uma "comunhão de esforços com o mundo" (GARRONE, 1969, p. 229). E ele adverte para o fato de que "a humanidade vive hoje uma fase nova da sua história, na qual profundas e rápidas transformações se estendem progressivamente a toda a terra" (GS 4). Aqui é preciso admitir que a *Gaudium et Spes* foi profética ao falar de *época de mudanças* profundas e rápidas e de *mudança de época*, como a *Evangelii Gaudium* do Papa Francisco vem nos falando, com saltos qualitativos e quantitativos, mas com desigualdades também enormes (EG 52). Aliás, o próprio *Documento de Aparecida* já nos alertou, e muito, para isso (DAp 44).

A Igreja que saiu, juntamente com toda a humanidade, de duas grandes guerras e que sabe que a pobreza e a miséria têm ganhado terreno no mundo, bem como tem muito claro as consequências de *Hiroshima* e *Nagasaki* (1945), não pode dar outra resposta senão aquela de ajudar e colaborar para o bem comum em vista da erradicação da fome e da miséria, da ignorância e da injustiça social etc., e sempre em colaboração com todos: "[...] cooperar na solução das principais questões do nosso tempo" (GS 10), até mesmo colaborando com o progresso social e econômico (PFEIL, 1971, p. 60-70; CHENU, 1967, p. 343). A ideia é aquela de construir gradativamente, e com os outros, o Reino de Deus, sem a pretensão de ter respostas e soluções para tudo, como nos coloca também o Papa Francisco na EG 184.

Dessa consciência de uma Igreja coparticipante em todo esse processo de construção de uma sociedade justa e fraterna, que faça germinar o Reino de Deus em prol de seus filhos todos, é que a Igreja do Concílio Vaticano II oferece seu paradigma de ação: "o amor de Deus e do próximo" (GS 16 e 24). Uma Igreja que não reivindica domínio, poderes, recompensas, privilégios, honras etc., mas oferece sua contribuição, pede liberdade de ação, reclama justiça, se coloca a serviço e está disposta a trabalhar com todas as pessoas de boa vontade (GARRONE, 1969, p. 228). É justamente a partir disso que precisamos entender o motivo pelo qual a *Gaudium et Spes* cita textos do Novo Testamento.

3. OS TEXTOS BÍBLICOS EM *GAUDIUM ET SPES* 16 E 24: SUA BASE VETEROTESTAMENTÁRIA

As citações bíblicas que ocorrem em GS 16, referentes à expressão "o amor de Deus e do próximo", são de Mt 22,37-40 e de Gl 5,14; e em GS 24 a referência é Rm 13,9-10, recordando também 1Jo 4,20, que nos afirma que "ἐάν τις εἴπῃ ὅτι ἀγαπῶ τὸν θεὸν καὶ τὸν ἀδελφὸν αὐτοῦ μισῇ, ψεύστης ἐστίν· ὁ γὰρ μὴ ἀγαπῶν τὸν ἀδελφὸν αὐτοῦ ὃν ἑώρακεν, τὸν θεὸν ὃν οὐχ ἑώρακεν οὐ δύναται ἀγαπᾶν ['Porque, se alguém disser: "amo a Deus" e odiar seu irmão, é mentiroso; pois o que não ama seu irmão, ao qual vê, a Deus, a quem não vê, não pode amar']"; isso com a intenção de mostrar a íntima ligação entre o amor a Deus e o amor ao irmão, como algo "estreito e inseparável" (*Deus Caritas Est* 16-18). Nós, porém, queremos, aqui neste nosso breve espaço, dar uma olhada e entender apenas os três textos bíblicos citados que têm a expressão referente ao "amor a Deus e ao próximo".

É óbvio que queremos ler o texto da *Gaudium et Spes*, mas defendemos que para isso é preciso conhecer os textos bíblicos citados por GS 16 e 24 para depois podermos entender por que eles foram citados pela constituição pastoral e o que ela quis afirmar com isso. O valor do mandamento e gesto de amar e o amor em si, do amor de Deus em alguém e do amor a Deus por alguém, parecem ser algo que Paulo tinha claro em sua mente. O texto de Mateus fala do "amor a Deus de todo o seu ser e do próximo como a si mesmo", e os textos de Gl 5,14 e Rm 13,9-10 falam do "amor ao próximo como a si mesmo". Nossa intenção, então, é mergulhar nos textos bíblicos citados e fazer uma exegese bíblica dos mesmos.

Seguindo os critérios apontados por Beale para o uso do Antigo Testamento no Novo Testamento (BEALE, 2013, p. 68-69), bem como as análises que Beale e Carson fazem desses textos do Antigo Testamento citados por Mateus e por Paulo (BEALE; CARSON, 2014), nós também queremos colher várias informações do *uso veterotestamentário* em Mt 22,37-40, Gl 5,14 e Rm 13,9-10, textos que GS 16 e 24 citam para falar do "amor de Deus e do próximo" no grande pedido que o Concílio nos faz para a construção de um mundo que seja realmente justo e fraterno, havendo sempre coerência entre o amor em sua *dimensão vertical* (Deus) e o amor em sua *dimensão horizontal* (próximo), pautando a vida pelo encontro entre fé em Deus e amor aos irmãos, como duas coisas inseparáveis (SÖDING, 2003, p. 144), além de ter a promoção do pobre como critério-chave de pertença eclesial (GONZAGA, 2014b, p. 75-95).

Todos nós sabemos que o amor pessoal é quase que uma coisa natural. É normal que as pessoas estejam inclinadas a fazer o bem para si e não o mal. Somente um desequilíbrio levaria ao contrário, com a pessoa fazendo mal a si mesma; é pedido ao ser humano que, pelo menos, ele tenha a mesma preocupação com os outros que tem para com ele mesmo: que seja uma preocupação à altura, mantida no mesmo nível dele. Por isso que o Antigo e o Novo Testamento pedem que o amor ao próximo tenha a mesma proporção que o amor a si mesmo. O amor faz o crente crescer em Deus e com os irmãos em sua vida cristã (EG 15), pois "as obras de amor ao próximo são a manifestação externa mais perfeita da graça interior do Espírito", afirma o Papa Francisco (EG 37).

A primeira coisa que podemos notar é que a base do Antigo Testamento citada e usada no Novo Testamento é a do contexto do *mandamento maior do amor a Deus e ao próximo*, presente na tradição e conjunto do Decálogo (Ex 20 e Dt 5: amor a Deus), no texto do *Shemá* (Dt 6,5: amor a Deus) e no texto das chamadas *prescrições cultuais e morais*, de convivência entre as pessoas (Lv 19,18: amor ao próximo). Por isso mesmo é interessante darmos uma olhada nos textos do Novo Testamento e em sua *base veterotestamentária* do "amor de Deus e do amor do próximo", conforme nos recorda GS 16 e GS 24. Vejamos então:

a) O primeiro texto é o de Mt 22,37-40, que afirma: "³⁷ὁ δὲ ἔφη αὐτῷ·ἀγαπήσεις κύριον τὸν θεόν σου ἐν ὅλῃ τῇ καρδίᾳ σου καὶ ἐν ὅλῃ τῇ ψυχῇ σου καὶ ἐν ὅλῃ τῇ διανοίᾳ σου· ³⁸αὕτη ἐστὶν ἡ μεγάλη καὶ πρώτη ἐντολή. ³⁹δευτέρα δὲ ὁμοία αὐτῇ· ἀγαπήσεις τὸν πλησίον σου ὡς σεαυτόν. ⁴⁰ἐν ταύταις ταῖς δυσὶν ἐντολαῖς ὅλος ὁ νόμος κρέμαται καὶ οἱ προφῆται ['O qual disse a eles: amarás o Senhor teu Deus com todo o teu coração, com toda a tua alma e com toda a tua mente; este é o grande e primeiro mandamento. O segundo é semelhante a este: amarás o teu próximo como a ti mesmo. Destes dois mandamentos dependem toda a lei e os profetas']".

O contexto é o das controvérsias e discussões com os fariseus acerca do essencial na lei, presente em Mt 22,34-46, pois os judeus tinham a Torá dividida em 613 mandamentos, com todos os seus *desdobramentos*. Diante da dificuldade em se praticar todos os mandamentos é que o doutor da lei apresenta a Jesus uma questão central para o Judaísmo dos dias de Cristo (RIENECKER, 2012, p. 370), querendo esclarecer qual o mandamento principal ao qual todos os demais deveriam se subordinar: "διδάσκαλε, ποία ἐντολὴ μεγάλη ἐν τῷ νόμῳ ['Mestre, qual é o grande mandamento na lei?']" (Mt 22,36). Ao que nos parece, a intenção desse doutor da lei "é um esforço desesperado" para condensar a lei e colocar Jesus à prova (MATEUS, 2002, p. 555).

Não restam dúvidas de que Deus é o centro de tudo para o evangelista Mateus. E amar a Deus segundo a *tríade* das realidades do homem (coração, alma e mente) significa amar a Deus com todas as suas energias, tendo a Deus como objeto do amor em todos os sentidos: "vontade, sentimentos e pensamento" (GNILKA, 1991, p. 384), indicando "a existência humana integral" orientada diariamente para Deus (MATEUS, 2002, p. 555), ou, ainda, com todas as "faculdades" que Deus concedeu ao homem (HENDRIKSEN, 2010, p. 371). Se não bastasse isso, Mateus coloca o segundo em igualdade de valor com o primeiro ("δευτέρα δὲ ὁμοία αὐτῇ ['o segundo é semelhante a este']"), ou seja, ao lado do "amor a Deus" (Dt 6,5) vem colocado "o amor ao próximo" (Lv 19,18). E Mateus vai mais longe ainda ao afirmar que "desses dois mandamentos *dependem* toda a lei e os profetas", que são como que as exigências colocadas por Deus ao homem, em textos muitos simples, pequenos e significativos das Sagradas Escrituras, como os de Dt 6,5 e Lv 19,18. Mas o próprio Cristo já havia dito que o amor tem de ser profundo e sem limites, atingindo até mesmo os inimigos (Mt 5,43-46). Aliás, a resposta de Jesus não traz um mandamento novo que fosse desconhecido dos judeus, citando Dt 6,5 e Lv 19,18. No entanto, ao que tudo indica, "esse mandamento não ocupa, dentro do Judaísmo antigo, o lugar que o Novo Testamento lhe atribui" (LÉGASSE, 2002, p. 837). Realmente, parece que o problema não é *desconhecimento intelectual* e sim *dificuldade* em relação à *praxis* da lei em vista de sua *amplidão* (RIENECKER, 2012, p. 371). A novidade de Jesus está no fato de que Deus nos amou não apenas por palavras, mas dando-nos seu Filho, que deu sua vida por nós.

É óbvio que Mateus não quis afirmar nem defende que todos os preceitos da lei sejam superados no sentido de que não têm mais nenhum valor. Cristo mesmo afirma que veio para dar pleno cumprimento e não para abolir a lei e os profetas (Mt 5,17). Mas Mateus afirma que todos os demais mandamentos estão subordinados e têm como critério-chave "o amor a Deus e ao próximo". Isso pode parecer pouco, mas Mateus quer indicar que cada ação sociomoral do homem convertido deve ser nutrida de amor na dupla direção e sentido do "amor de Deus e amor do próximo", como que sendo seus "pontos cardeais" para o agir cristão neste mundo (GNILKA, 1991, p. 385).

Embora possamos encontrar "o amor de Deus e do próximo" no Judaísmo bíblico e extrabíblico, é importante notar que ele constitui uma nota caracterísitca do cristão convertido. Colocados sob o mesmo plano, "o amor de Deus e o amor do próximo" devem ser considerados como expressões de sua inseparabilidade, ou seja, o cristão não pode separar esses dois mandamentos que constituem como que a sua identidade de discípulo de Cristo, criando e exigindo relações humanas justas entre seus seguidores (MATEUS, 2002, p. 556). Mateus não quer indicar que todos os demais mandamentos sejam originários desses dois, mas sim que todos os demais devem seguir a esses dois como critério de discernimento e ação, tendo-os como que a *regra de ouro* em todo o seu agir, como que dizendo que tudo mais deve *gravitar* ao redor do "amor de Deus e do amor do próximo", que nos é dado como "mandamento régio" que comanda todos os demais mandamentos (RIENECKER, 2012, p. 372). E a lei e os profetas, que são citados também em Mt 5,17 e 7,12, são plenificados no cumprimento desta *regra áurea*: "o amor de Deus e o amor do próximo" (GNILKA, 1991, p. 387).

É claro que um *duplo mandamento* não resolve os problemas, individualmente falando. Mas eles oferecem uma *regra de ouro* para agir com critérios diante dos mesmos, sobretudo pelo fato de que as relações cristãs se dão em três dimensões: *Deus*, o *próximo* e *eu*, e o amor na dupla direção deve ser como que sua "estaca" de sustentação da vida cristã (HENDRIKSEN, 2010, p. 372). E a regra é clara e dispensa comentários: que o amor a Deus seja com todo o seu ser e que o amor ao próximo seja como a si mesmo, não no sentido de que o amor a si mesmo dite os limites do amor, mas sim no sentido de que ele leve a pessoa a tomar conta da outra como a si mesmo, com amor sem interesse ou limites de bem. Nesse sentido, assim como não posso excluir a Deus de meu amor, não posso deixar de amar o próximo como a mim mesmo. Mais ainda, como ambos são inseparáveis, assim um exige o outro e leva ao outro (GNILKA, 1991, p. 387), como temos plenamente realizado em Jesus Cristo.

O texto de Mt 22,37-40, com paralelos em Mc 12,28-31 e Lc 10,25-28, apresenta a questão do "amor a Deus e ao próximo" dentro de um contexto bastante peculiar do Judaísmo, em que os rabinos tinham a lei condensada em 613 mandamentos, divididos entre 365 ordens e 248 proibições, além de suas *especificações sucessivas e submandamentos* (GONZAGA, 2014a, p. 54). Parece que Jesus não quer escolher nenhum mandamento em si. Por isso, aparentemente, parece que ele cita dois mandamentos sobre *amor a Deus e ao próximo*, porque o amor é a essência de tudo. Com isso Cristo fecha a questão em suas duas direções: *vertical* (com Deus) e *horizontal* (com o próximo). Mais ainda, Cristo afirma que os dois mandamentos cumprem não apenas a lei, mas todas as Escrituras: "ἐν ταύταις ταῖς δυσὶν ἐντολαῖς ὅλος ὁ νόμος κρέμαται καὶ οἱ προφῆται ['destes dois mandamentos dependem toda a lei e os profetas']" (Mt 22,40). Com isso a resposta que o doutor da lei recebe de Jesus é tão profunda quanto a pergunta que fez a Cristo.

Se o contexto geral pode ser tirado do contexto do Decálogo, é preciso, porém, que vejamos que a fonte é extraída de Dt 6,5,[3] o texto do

---

[3] Texto Massorético, Dt 6,5:"וְאָהַבְתָּ֕ אֵ֥ת יְהוָ֖ה אֱלֹהֶ֑יךָ בְּכָל־לְבָבְךָ֥ וּבְכָל־נַפְשְׁךָ֖ וּבְכָל־מְאֹדֶֽךָ׃". LXX, Dt 6,5: "καὶ ἀγαπήσεις κύριον τὸν θεόν σου ἐξ ὅλης τῆς καρδίας σου καὶ ἐξ ὅλης τῆς ψυχῆς σου

Shemá, que coloca esse grande pedido imediatamente após a afirmação "para que Israel afirme o monoteísmo, como que uma doutrina central da teologia judaica (6,4)" (BEALE; CARSON, 2014, p. 100). Moisés tem o cuidado de levar o povo a amar a Deus em suas três direções e dimensões humanas: *coração, alma* e *força*.

Uma frase muito parecida com esta do *Shemá*, em termos de conteúdo, nós a encontramos em Js 22,5, imediatamente após a primeira fase da conquista da Terra Prometida: "[...] tendo cuidado, somente, de pôr em prática com diligência o mandamento e a lei que Moisés, servo de Iahweh vos estabeleceu: amar Iahweh vosso Deus, seguir sempre os seus caminhos, observar os seus mandamentos, apegando-vos a ele e servindo-o de todo o vosso coração e de toda a vossa alma"; ou, ainda, em 2Rs 23,25, acerca do rei Josias, que realiza a reforma de 622 a.C., onde lemos: "[...] não houve antes dele algum que se tivesse voltado, como ele, para Iahweh, de todo o seu coração, de toda a sua alma e com toda a sua força, em toda a fidelidade à lei de Moisés; nem depois dele houve algum que se lhe pudesse comparar".

No que tange ao Texto Massorético e à LXX, podemos ver que a LXX faz uma tradução realmente literal do Texto Massorético de Dt 6,5. O que temos são apenas algumas leves diferenças entre os evangelistas ao citar o texto em seu uso no Novo Testamento. Por exemplo, Marcos (12,28-31), que é o mais antigo dos quatro Evangelhos, acrescenta um quarto elemento ("de todo o teu entendimento"): "amarás o Senhor teu Deus de todo o teu coração, de toda a tua alma, de todo o teu entendimento e com toda a tua força" (Mc 12,30); Mateus (22,37-40) cita apenas três locuções: "amarás ao Senhor teu Deus de todo o teu coração, de toda a tua alma e de todo o teu entendimento" (22,36), omitindo a última mencionada por Mc 12,30: "com toda a tua força"; Lucas (10,25-28) também cita as quatro locuções: "amarás o Senhor teu Deus de todo o teu coração, de toda a tua alma, com toda a tua força e de todo o teu entendimento" (10,27). Outra diferença é que Mateus retoma a preposição conforme o Texto Massorético "em/com" (Dt 6,5: "בְּ"; Mt 22,37: "ἐν"), enquanto Marcos segue mais de perto a LXX, que modificou e usou a preposição "de" (Dt 6,5: "ἐξ"; Mc 12,30.33: "ἐξ") para as quatro alocuções: coração, alma, mente e força. Mas o sentido original do Texto Massorético não sofre alteração nem na LXX nem nos Evangelhos,

---

καὶ ἐξ ὅλης τῆς δυνάμεώς σου" ['E amarás o Senhor teu Deus com todo o teu coração, com toda a tua alma e com toda a tua força'].

embora Marcos e Lucas acrescentem uma quarta alocução ou mudem a ordem, não seguindo a mesma do Texto Massorético ou da LXX. E Lc 10,27 usa a preposição "ἐξ" ('de') para o coração e a preposição "ἐν" ('em/com') para as outras três locuções: alma, força e mente.

Já no que diz respeito ao segundo mandamento: "δευτέρα δὲ ὁμοία αὐτῇ·ἀγαπήσεις τὸν πλησίον σου ὡς σεαυτόν ['o segundo é semelhante a este: amarás o teu próximo como a ti mesmo']" (Mt 22,39), temos como *fonte veterotestamentária* Lv 19,18:[4] "amarás o teu próximo como a ti mesmo". Mas um pouco antes Mateus já tinha afirmado ao jovem rico, que lhe tinha perguntado sobre o que fazer de bom para ter a vida eterna: "não matarás, não adulterarás, não roubarás, não levantarás falso testemunho; honra teu pai e tua mãe, e amarás o teu próximo como a ti mesmo" (Mt 19,18-19).

Também aqui a LXX faz uma tradução literal do Texto Massorético. As diferenças são introduzidas pelos evangelistas. Uma delas é que, enquanto Mateus conserva o pronome "teu" ("σου", 22,39), Marcos igualmente o conserva na primeira citação ("σου", 12,31), mas omite na segunda (12,33); e outra é que Marcos muda o verbo do imperativo "amarás", da primeira vez (Mc 12,30), igualmente encontrado em Mateus e Lucas, para o infinitivo "amar", na segunda afirmação (Mc 12,33). Nesse sentido, Mateus e Lucas reintroduzem a forma exata da LXX, traduzida literalmente do Texto Massorético: "amarás o teu próximo como a ti mesmo" (Mt 22,39; Lc 10,27), sendo que Lucas também omite a ocorrência do imperativo "amarás" e cita apenas "e o teu próximo como a ti mesmo", dependendo da ocorrência inicial para o "amarás o Senhor teu Deus... e o teu próximo como a ti mesmo", sendo ligado apenas por uma conjunção "e".

b) O segundo texto é o de Gl 5,14, que afirma: "ὁ γὰρ πᾶς νόμος ἐν ἑνὶ λόγῳ πεπλήρωται, ἐν τῷ·ἀγαπήσεις τὸν πλησίον σου ὡς σεαυτόν" ['Pois toda a lei em uma só palavra é cumprida: amarás o teu próximo como a ti mesmo']".

Interessante observar que *toda a lei* se cumpre em *uma só palavra*. E a expressão "ἐν ἑνὶ λόγῳ" ('em uma só palavra'), além de ser a *lectio*

---

[4] Texto Massorético, Lv 19,18: "לֹא־תִקֹּם וְלֹא־תִטֹּר אֶת־בְּנֵי עַמֶּךָ וְאָהַבְתָּ לְרֵעֲךָ כָּמוֹךָ אֲנִי יְהוָה". LXX, Lv 19,18: "καὶ οὐκ ἐκδικᾶταί σου ἡ χείρ καὶ οὐ μηνιεῖς τοῖς υἱοῖς τοῦ λαοῦ σου καὶ ἀγαπήσεις τὸν πλησίον σου ὡς σεαυτόν ἐγώ εἰμι κύριος" ['Não te vingarás e não guardarás rancor contra os filhos do teu povo. Amarás o teu próximo como a ti mesmo. Eu sou o Senhor'].

brevis, é a *lectio communis* nos melhores códices de Gálatas, sendo, portanto, a *melhor leitura* e a *originária* para o texto. E essa leitura indica justamente o "objeto do amor" (MILLOS, 2013, p. 513), que leva ao cumprimento da lei: "o amor ao próximo". Outro dado interessante é que Paulo não fale do "amor a Deus", do qual nós somos devedores, e sim apenas do "amor ao próximo", indistintamente, significando todos os homens. Mas isso não significa que o apóstolo "desejasse excluir o amor de Deus, que para ele é óbvio" (MUSSNER, 1987, p. 563).

O contexto é aquele da perícope de Gl 5,13-26, de caráter parenético, que coloca a liberdade, para a qual Cristo nos libertou (5,1), para poder amar segundo o Espírito, tendo o "amor ao próximo como a ti mesmo" como o paradigma a ser seguido (LÉGASSE, 2000, p. 407). Nesse sentido, para Paulo o máximo da liberdade cristã é atingido no "amor ao próximo", já que ele afirma que "toda a lei ('πᾶς νόμος') é cumprida em uma só palavra". De tal forma que temos "toda a lei" cumprida "em uma só palavra", quase que criando um contraste; isso significa que "nenhum preceito" da lei está excluído no cumprimento do amor ao próximo, pelo contrário, toda ela está plenificada e realizada no amor (BUSCEMI, 2004, p. 544; LÉGASSE, 2000, p. 405).

Enquanto para o *legalista* é necessário *cada preceito* da lei para que ela seja cumprida, para o *cristão* basta o mandamento do "amor ao próximo" para o perfeito cumprimento da lei, "entendida como expressão da vontade de Deus" (MUSSNER, 1987, p. 560); amor sem constrangimento e sim por pura gratuidade. Esse é o caminho que Paulo indica para se cumprir a vontade de Deus, como serviço aos irmãos, guiado pelo Espírito, pois o amor resume toda a lei, com todos os seus preceitos. Mais ainda, não é a lei que vai cumprir o amor, mas a vivência do amor é que vai dar pleno cumprimento à lei. Nesse sentido, Paulo deixa claro que a prática do amor em si produz o cumprimento da lei.

O amor ao próximo, embora Gl 6,10 afirme "pratiquemos o bem para com todos, mas sobretudo para com os irmãos na fé", tem uma ótica mais universal. É nesse sentido que o imperativo "amarás" aparece, por exemplo, na linha de Jesus, como na parábola do samaritano (Lc 10,25-37), que se faz próximo naquele momento de necessidade e não de escolha minha (MILLOS, 2013, p. 514). E a medida, já colocada por Lv 19,18, é aquela do amor como a si mesmo. E para Paulo, se é possível que o homem natural faça mal a si mesmo, o homem redimido e libertado em Cristo, por sua vez, não pode fazer (BUSCEMI, 2004, p. 546).

Também é interessante observar que, embora Paulo tenha atacado, e bastante, o papel da lei na Carta aos Gálatas, ele não tem dúvidas sobre o valor da mesma em toda a tradição judaica e de sua função "pedagógica" (Gl 3,24) para conduzir a Cristo. Mais ainda, ele afirma a soberania do amor como plenitude da lei: "Pois toda a lei em uma só palavra é cumprida: *amarás o teu próximo como a ti mesmo*" (5,14). Aqui também Paulo segue o texto grego da LXX, que é uma tradução bastante fiel do hebraico do Texto Massorético; e, como em Rm 13, Paulo não fala de um mandamento, mas sim de "uma *palavra*" para falar do cumprimento de toda a lei: "ὁ γὰρ πᾶς νόμος ἐν ἑνὶ λόγῳ πεπλήρωται ['porque toda a lei em uma palavra é cumprida']".

A citação de Paulo é bastante fiel e direta em seu discurso sobre o pleno cumprimento da lei, tendo como base "o amor ao próximo". Com isso, Paulo afirma que é basicamente impossível cumprir a lei sem o amor. Mais ainda, o amor é necessário para o pleno cumprimento da lei, e a lei deve ser subordinada ao *amor de Deus e do próximo*; disso decorre tudo o que o cristão vai fazer e como vai viver em sua vida. Paulo não revoga a lei em todos os seus aspectos nem isenta ou proíbe os judeus de cumpri-la. Mas não a admite como *conditio sine qua non* para se obter a salvação, ou seja, "a justificação para o recebimento da fé abraâmica" (BEALE; CARSON, 2014, p. 1004). Também não nos esqueçamos do que um pouco antes o próprio apóstolo já tinha afirmado: "pois em Cristo Jesus nem a circuncisão nem a incircuncisão pode alguma coisa, mas a fé que atua mediante o amor" (Gl 5,6).

c) O terceiro texto é o de Rm 13,8-10, que afirma: "⁸Μηδενὶ μηδὲν ὀφείλετε εἰ μὴ τὸ ἀλλήλους ἀγαπᾶν· ὁ γὰρ ἀγαπῶν τὸν ἕτερον νόμον πεπλήρωκεν. ⁹τὸ γὰρ οὐ μοιχεύσεις, οὐ φονεύσεις, οὐ κλέψεις, οὐκ ἐπιθυμήσεις, καὶ εἴ τις ἑτέρα ἐντολή, ἐν τῷ λόγῳ τούτῳ ἀνακεφαλαιοῦται [ἐν τῷ]· ἀγαπήσεις τὸν πλησίον σου ὡς σεαυτόν. ¹⁰ἡ ἀγάπη τῷ πλησίον κακὸν οὐκ ἐργάζεται· πλήρωμα οὖν νόμου ἡ ἀγάπη ['A ninguém nada deveis a não ser amardes uns aos outros. Pois o que ama o outro tem cumprido a lei. Pois o: não adulterarás, não matarás, não furtarás, não cobiçarás, e se existe outro mandamento, está resumido em amarás o teu próximo como a ti mesmo. O amor não faz mal ao próximo. Pois a plenitude da lei é o amor']".

Diante de toda a discussão e debate sobre o essencial da lei e de sua função, Paulo não tem dúvidas de seu valor, mas indica o amor recíproco como pleno cumprimento da lei (SCHLIER, 1982, p. 633). E a indicação do apóstolo é para que ninguém deva nada a ninguém a não ser o amor, e que o amor ao próximo é o resumo e plenitude de toda a lei (CRANFIELD, 1992, p. 306; MILLOS, 2011, p. 958). O conselho "resume todas as obrigações à quais o cristão está ligado" (FITZMYER, 1999, p. 802). Com isso Paulo indica que cada exigência da lei encontra seu significado no mandamento maior do amor em relação ao outro, e que "o cristão não tem outro programa nem outra ambição que cumprir a lei" do amor (LÉGASSE, 2002, p. 834). São citados quatro mandamentos da "segunda tábua" do Decálogo, os quais concernem apenas aos "deveres intra-humanos" (LÉGASSE, 2002, p. 836) e resumem todos no mandamento do amor, e apenas *como exemplo* para chamar a atenção de seus interlocutores a fim de que, logo em seguida, possa indicar-lhes o caminho justo para a plena realização de toda a lei: "amarás o teu próximo como a ti mesmo", ou seja, "o núcleo comum é o preceito do amor" (WILCKENS, 1992, p. 410).

No "amor ao próximo", cada "ἐντολή/'mandamento'" está contido ("ἀνακεφαλαιοῦται/'está resumido'"); um amor sem distinção, ou seja, para Paulo "todos os filhos de Deus" devem ser amados, e não apenas "judeus ou gregos" (LÉGASSE, 2002, p. 838). Mais ainda, cada mandamento, individualmente falando, não é outra coisa senão um mandamento daquele que é o grande mandamento: "o amor" (SCHLIER, 1982, p. 634). Se não bastasse isso, Paulo acrescenta que "o amor não faz mal ao próximo", como ele também afirma em 1Cor 13, resultante da fórmula negativa dos quatro mandamentos citados anteriormente, na intenção de ressaltar o seu conteúdo positivo, pois o amor é expressão da fé do cristão (Gl 5,6), de uma "expressão absoluta e definitiva de verdadeira fé em Deus" (MILLOS, 2011, p. 962). Em seguida, ele afirma que, "se existe outro mandamento, está resumido em...", para indicar que qualquer sistema de lei se cumpre no amor, seja ele religioso, seja civil. Por isso, o apóstolo não tem dúvidas em afirmar que o amor é "a plenitude da lei" ('πλήρωμα νόμου'), para indicar que o amor é o sentido pleno da lei, o seu "denominador comum" (WILCKENS, 1992, p. 409). E Paulo sabe bem que o próximo a ser amado não é alguém que eu escolho prévia e arbitrariamente, mas alguém que "Deus no-lo deu" (CRANFIELD, 1992, p. 306). De tal forma que tentar "amar o próximo como a si mesmo" é já andar na direção certa do cumprimento da lei. Isso também exige que cada um tenha um legítimo, real, sincero e verdadeiro amor de si próprio, sem distorções ou desvios, sem sequer negar os próprios erros pessoais. Amar o outro fazendo-lhe o bem pressupõe, é claro, que "o homem se ama a si mesmo", não lhe permitindo escapatórias ou interpretações distorcidas da forma de amar o outro, já que a medida é o amor como a si mesmo (WILCKENS, 1992, p. 413).

Paulo também é sabedor de que a falta de amor dos cristãos acaba desacreditando a mensagem de Cristo, pois alguns "persistem em fazer realmente mal a seus semelhantes" (CRANFIELD, 1992, p. 307). A fim de corrigir esse erro é que o apóstolo indica um "sumário" da lei, sem, contudo, perder o conjunto da mesma. Pelo contrário, ele indica que tal *sumário* ("o amor ao próximo como a si mesmo") é a plenitude da lei, com todas as suas obrigações (FITZMYER, 1999, p. 803). Essa também é a ideia do livro da Sabedoria: "o amor é a observância de suas leis" (Sb 6,18).

O apóstolo não tem dúvidas de que a *fé e o amor a Deus* se entrelaçam e têm seus desdobramentos e complementos indiscutíveis *no amor ao próximo*. Paulo sabia que a lei exigia o *amor ao próximo* e não titubeou em pedir isso dos membros de suas comunidades. Não é à toa que ele usa um tom didático ao dizer que "quem pratica o amor cumpriu a lei" (BEALE; CARSON, 2014, p. 849). Basicamente, a ideia seria a de que o cumpridor da lei é aquele que está praticando *o amor ao próximo* aqui e agora. Num primeiro momento Paulo fala que "o que ama o outro tem cumprido a lei" (Rm 13,8), para em seguida citar o texto de Lv 19,18, afirmando que a lei está resumida em "amarás o teu próximo como a ti mesmo" e que "não existe outro mandamento" (Rm 13,9). Se não bastasse isso, ele completa dizendo que "o amor não faz mal ao próximo, pois a plenitude da lei é o amor" (Rm 13,10).

E a citação paulina de Rm 13,9 "*não adulterarás, não matarás, não furtarás, não cobiçarás* e se existe algum outro mandamento, está *resumido* em uma palavra", corresponde a uma citação do Decálogo de Ex 20,13-15.17 e Dt 5,17-19.21, segundo o texto da LXX, que também é uma tradução muito fiel do Texto Massorético. As diferenças estão entre as citações de Ex 20,17 e Dt 5,21 e a de Rm 13,9 no que tange à forma abreviada de Paulo citar o último dos quatro mandamentos colocados nessa lista breve, tomada da "segunda tábua" dos Dez Mandamentos, que traz as obrigações para com o próximo, enquanto a "primeira tábua" traz as obrigações para com Deus. É obvio que Paulo não cita as sete obrigações, omitindo aquelas para *com os pais* e *contra o falso testemunho*, além de apenas falar de *cobiça* em geral, sem diferenciar entre "desejar a mulher do próximo" (pessoa) e "cobiçar a casa do próximo" (coisa).

Paulo tem bastante claro as implicações éticas do Decálogo e as de Lv 19,18. A mesma coisa nós encontramos em Tg 2,8: "Εἰ μέντοι νόμον τελεῖτε βασιλικὸν κατὰ τὴν γραφήν ἀγαπήσεις τὸν πλησίον σου ὡς σεαυτόν, καλῶς ποιεῖτε·['Se de fato cumpris a lei régia, segundo a Escritura: amarás o teu próximo como a ti mesmo, fazeis bem']". Ou seja, tanto para Paulo como para Tiago, nenhum mandamento da lei poderá ser transgredido. Mas para ambos o cumprimento da lei se dá no "amarás o teu próximo como a ti mesmo". E aqui também é importante lembrar que a citação paulina de Lv 19,18 é realmente muito fiel ao texto da LXX, que segue o hebraico do Texto Massorético. Se não bastasse isso, o texto de Levítico, um pouco mais adiante, amplia o mandamento tendo em vista o estrangeiro que habita com o judeu, que deve ser amado como a si mesmo: "o estrangeiro que habita convosco será para vós como um compatriota, e *tu o amarás como a ti mesmo*, pois fostes estrangeiros na terra do Egito. Eu sou Iahweh vosso Deus" (Lv 19,34).

Interessante ainda, em Paulo, é que ele não define Lv 19,18 como um "mandamento" igual aos demais, e sim como uma palavra: "ἐν τῷ λόγῳ τούτῳ ἀνακεφαλαιοῦται" ('nesta *palavra* se resume...'). É óbvio que o mandamento do amor ao próximo é uma *palavra* que se tornou realidade em Jesus Cristo, a Palavra do Pai. O apóstolo está dizendo que, em primeiro lugar, o amor se tornou uma realidade em Cristo e que, em segundo lugar, deve se tornar uma realidade entre os seguidores de Cristo, no hoje concreto da história, na vida comunitária dos filhos e filhas de Deus. Se não bastasse tudo isso, Paulo também tem claro que a lei tinha em mente "prevenir malefícios ao próximo", sem fazer "nenhuma distinção entre os que pertencem à comunidade e os que não pertencem" (BEALE; CARSON, 2014, p. 851). Com isso, Paulo confirma a universalidade salvífica de Cristo: "A ninguém nada deveis a não ser amardes uns aos outros. Pois o que ama o outro tem cumprido a lei" (Rm 13,8).

CONCLUSÃO

Ao concluirmos nossa reflexão sobre *Gaudium et Spes* 16 e 24, bem como nossa análise exegética dos textos bíblicos ali citados, além de vermos a sua *base veterotestamentária*, realmente podemos concluir que o Concílio Vaticano II deu passos gigantescos em várias direções, mas a *Gaudium et Spes* soube reprojetar a Igreja no diálogo com o mundo e, em especial, com um mundo em constantes mudanças e empobrecimento. Não há como negar que as duas grandes guerras assolaram o Velho Continente e assustaram o mundo, sobremaneira com Hiroshima e Nagasaki, e também é certo que o mundo ainda clama por justiça. E a *Gaudium et Spes* deu uma colaboração muito grande ao indicar a disponibilidade da Igreja em colaborar positivamente com o mundo, sem julgá-lo ou condená-lo, mas como aquela que quer servir a uma causa mais nobre em vista de todos os filhos de Deus.

Se não bastasse isso, a *Gaudium et Spes* 16 e 24 indicou a *regra de ouro*, que é "o amor de Deus e do próximo", como a via a ser percorrida e o paradigma a ser seguido para se conseguir chegar à construção de um mundo melhor. Se não bastasse isso, a *Gaudium et Spes* indica toda a uma *Teologia Bíblica da criação* em vista do bem do ser humano, bem como fontes bíblicas do Novo Testamento a serem levadas em consideração em vista da ação dos cristãos em prol de todos.

Os textos do Novo Testamento aqui analisados por nós, bem como suas *bases veterotestamentárias*, são realmente singulares para que melhor compreendamos a base judaica e a novidade de Cristo em vista da interpretação da lei e da novidade do amor sem reservas em suas duas dimensões: *vertical* (Deus) e *horizontal* (homem).

Passaram-se cinquenta anos do Concílio, mas o desafio permanece e deve ser encarado por todos. Aliás, ele permanece desde os tempos bíblicos e clama por justiça que vá na dupla direção: Deus e os homens, como a nós mesmos.

Ter visitado e caminhado pelos números 16 e 24 da *Gaudium et Spes*, bem como ter analisado suas citações bíblicas, realmente nos proporcionou uma melhor e maior compreensão daquilo que o Concílio e as Sagradas Escrituras nos pedem em vista de um mundo justo e humano, tendo como referencial "o amor de Deus e o amor do próximo", num serviço ao bem da humanidade toda, pois "só o serviço ao próximo é que abre os meus olhos para aquilo que Deus faz por mim e para o modo como ele me ama" (*Deus Caritas Est* 18).

REFERÊNCIAS BIBLIOGRÁFICAS

ALBERIGO, G. *Breve história do Concílio Vaticano II*. Aparecida: Santuário, 2006.

AMOROSO LIMA, A. Visão panorâmica sobre a constituição pastoral *Gaudium et Spes*. In: BARAÚNA, G. (org.). *A Igreja no mundo de hoje*. Petrópolis: Vozes, 1967. p. 154-169.

APARICIO VALLS, C. La relación Escritura y Teología. *Gregorianum* 92/2 (2011) 261-282.

BEALE, G. K. *Manual do uso do Antigo Testamento no Novo Testamento. Exegese e interpretação.* São Paulo: Vida Nova, 2013.
_____; CARSON, D. A. (orgs.). *Comentário do uso do Antigo Testamento no Novo Testamento.* São Paulo: Vida Nova, 2014.
BENTO XVI. Carta encíclica *"Deus Caritas Est".* Brasília: CNBB, 2005.
BÍBLIA DE JERUSALÉM. São Paulo: Paulus, 2012.
BUSCEMI, A. M. *Lettera ai Galati.* Jerusalem: Fransciscan Printing Press, 2014.
CARTER, W. *O evangelho de São Mateus.* São Paulo, Paulus, 2002.
CHENU, M-D. A missão da Igreja no mundo de hoje. In: BARAÚNA, G. (org.). *A Igreja no mundo de hoje.* Petrópolis: Vozes, 1967. p. 337-356.
CONCÍLIO VATICANO II. *Constituição pastoral "Gaudium et Spes".* São Paulo: Paulinas, 1983. Documentos Pontifícios 155.
CRANFIELD, C.E.B. *Carta dos Romanos.* São Paulo: Paulinas, 1992.
DOCUMENTO DE APARECIDA. Texto conclusivo da V Conferência Geral do Episcopado Latino-Americano e do Caribe. 7. ed. Brasília/São Paulo: CNBB/Paulus/Paulinas, 2008.
ENCHIRIDION VATICANUM I. Documenti Ufficiali del Concilio Vaticano II, 1962-1965. Bologna: EDB, 1993.
FITZMYER, J. A. *A interpretação da Escritura. Em defesa do método histórico-crítico.* São Paulo: Loyola, 2011. Bíblica 58.
_____. *Lettera ai Romani.* Casale Monferrato: Piemme, 1999.
FRANCISCO. *Exortação apostólica "Evangelii Gaudium".* São Paulo: Paulinas, 2013.
GARRONE, G. M. O drama do homem contemporâneo. In: VV. AA. *Pelos caminhos do concílio.* São Paulo: Paulinas, 1969.
GONZAGA, W. *"A verdade e evangelho" (Gl 2,5.14) e a autoridade na Igreja.* Santo André: Academia Cristã, 2014a.
_____. Os pobres como "critério-chave de autenticidade" eclesial (EG 195). In: AMADO, J. P.; FERNANDES, L. A. (orgs.). *"Evangelii Gaudium" em questão.* São Paulo/Rio de Janeiro: Paulinas/Editora PUC-Rio, 2014b. p. 75-95.
GNILKA, J. *Il vangelo di Matteo.* Parte seconda. Brescia: Paideia, 1988.
HENDRIKSEN, W. *Mateus.* São Paulo: Cultura Cristã, 2010. v. 2.
KITTEL. R. (ed.). *Biblia Hebraica Stuttgartensia.* Stuttgart: Deutsche Bibelgesellschaft, 1997.
KLOPPENBURG, B.; VIER, F. (orgs.). *Compêndio do Vaticano II.* Petrópolis: Vozes, 1986.
LÉGASSE, S. *L'Épître de Paul aux Galates.* Paris: Cerf, 2000.

_____. *L'Épître de Paul aux Romains.* Paris: Cerf, 2002.
LOPES, G. *"Gaudium et Spes".* Texto e comentário. São Paulo: Paulinas, 2011.
LYONNET, S. Os fundamentos bíblicos da constituição pastoral *Gaudium et Spes.* In: BARAÚNA, G. (org.). *A Igreja no mundo de hoje.* Petrópolis: Vozes, 1967. p. 197-214.
MANZINI, R. A Igreja em diálogo com o mundo moderno. In: ALMEIDA, J. C.; MANZINI, R. MAÇANEIRO, M. *As janelas do Vaticano II.* A Igreja em diálogo com o mundo. Aparecida: Santuário, 2013. p. 211-240.
MILLOS, S. P. *Gálatas.* Viladecavalls: Clie, 2013.
_____. *Romanos.* Viladecavalls: Clie, 2011.
MUSSNER, F. *La Lettera ai Galati.* Brescia: Paideia, 1987.
NESTLE-ALAND. *Novum Testamentum Graece.* 28th. Stuttgart: Deutsche Bibelgesellschaft, 2012.
PFEIL, H. *Tradição e progresso no cristianismo pós-conciliar.* São Paulo: Paulinas, 1971.
PIAZZA, W. O. *A revelação cristã na constituição dogmática "Dei Verbum".* Petrópolis: Vozes, 1986.
PONTIFÍCIA COMISSÃO BÍBLICA. *A interpretação da Bíblia na Igreja.* São Paulo: Paulinas, 1994.
RAHLPS, A. *Septuaginta.* Stuttgart: Deutsche Bibelgesellschaft, 1979.
RAHNER, K. *Teologia e Bíblia.* São Paulo: Paulinas, 1972.
RATZINGER, J. *Introdução ao cristianismo.* São Paulo: Loyola, 2005.
RIENECKER, F. *Evangelho de Mateus.* São Paulo: Esperança, 2012.
ROWLAND, T. A *Gaudium et Spes* e a importância de Cristo. In: ROWLAND, T. *A fé de Ratzinger, a teologia do Papa Bento XVI.* São Paulo: Ecclesiae, 2013. p. 57-78.
SCHLIER, H. *La Lettera ai Romani.* Brescia: Paideia, 1982.
SÖDING, T. *A tríade fé, esperança e amor em Paulo.* São Paulo: Loyola, 2003. Bíblica 34.
WILCKENS, U. *Carta a los Romanos.* Salamanca: Sigueme, 2002. Rom 6-16, vol. II.

"POBRES SEMPRE TEREIS CONVOSCO": AÇÃO DA IGREJA À LUZ DA *GAUDIUM ET SPES*

Leonardo Agostini Fernandes

INTRODUÇÃO

Jesus, segundo três relatos evangélicos, pronunciou uma forte afirmação: "Pobres sempre tereis convosco". Essa afirmação situa-se no contexto da unção que recebeu em Betânia, pela qual foi antecipada, segundo a interpretação que ele mesmo deu para o feito, a unção do seu corpo para a sepultura. Ao permitir que o gesto da unção fosse realizado pela mulher de Betânia, Jesus inaugurou, por um lado, o sentido do que pode ser feito a ele e, por outro lado, um novo modo para se administrar os bens terrenos a favor dos pobres, com os quais ele mesmo se identificou.

A constituição pastoral *Gaudium et Spes* (GS) abre com uma afirmação que é um verdadeiro programa de vida eclesial e que aponta para a sua ação pastoral e social:

> As alegrias e as esperanças, as tristezas e as angústias dos homens de hoje, sobretudo dos pobres e de todos aqueles que sofrem, são também as alegrias e as esperanças, as tristezas e as angústias dos discípulos de Cristo; e não há realidade alguma, verdadeiramente humana, que não encontre eco no seu coração (1).

É uma abertura que não só chama a atenção, mas, de imediato, provoca e exige uma postura condizente na vida dos seguidores de Jesus. O destaque, "dos pobres e de todos aqueles que sofrem", imprime um ritmo e uma direção no exercício pastoral para toda a Igreja, pois todas as realidades, verdadeiramente humanas, encontram eco no coração de Jesus. Evoca-se, sem dúvida, o inefável mistério da Encarnação do Verbo Divino e todas as consequências que dele derivam para a humanidade, que, por meio desse mistério, reencontra o caminho da esperança e da renovação da vida.

A presente reflexão é bíblico-teológica e possui dois objetivos: analisar o sentido da fala de Jesus sobre os pobres, no contexto da sua unção em Betânia, e verificar se esse sentido foi contemplado na *Gaudium et Spes* (que não fez menção ao episódio), uma vez que Jesus, sendo rico, se fez pobre em sua benevolência para que os seus seguidores se tornassem ricos através de sua pobreza (cf. 2Cor 8,9).

Para alcançar tais objetivos, a reflexão se desenvolve a partir do jogo de palavras, na afirmativa e na negativa, que Jesus criou ao dizer: "pobres sempre tereis convosco... a mim não sempre tereis". Em primeiro lugar, procede-se com uma avaliação do contexto das citações explícitas (Mt 26,11; Mc 14,7; Jo 12,8), com o intuito de verificar os sentidos bíblicos e teológicos que derivam das semelhanças e diferenças que nelas se encontram.[1] Em segundo lugar, são elucidadas as citações sobre os "pobres" e a "pobreza" na *Gaudium et Spes* a fim de identificar o percurso pretendido pelo Concílio através dessa constituição pastoral. Enfim, apresenta-se o compromisso social como tarefa pastoral da Igreja, verificando se a intuição original do Concílio foi assimilada e colocada em prática; em particular diante das novas exigências eclesiais e sociais que a mudança de época tem provocado, colocando novos desafios para os(as) discípulos(as) de Jesus Cristo.

1. AVALIAÇÃO DAS CITAÇÕES EXPLÍCITAS

A unção em Betânia está narrada no contexto próximo da última ceia e da paixão de Jesus. A proximidade é também geográfica, pois Betânia, nome que significa "casa do oprimido",[2] estava a cerca de três quilômetros de Jerusalém, razão pela qual Jesus a ela podia regressar

---

[1] O relato segundo João, confrontado com os sinóticos, permite perceber que, para além da tradição e das fontes comuns, cada evangelista teve liberdade para redigir de acordo com a sua intenção e perspectiva teológica, a fim de acentuar a dimensão messiânica aplicada a Jesus, seja segundo a ótica descendente, seja ascendente (SCHNACKENBURG, 1997, p. 615-618).

[2] "Etimologicamente, o nome Betânia, de origem hebraica, compõe-se de dois elementos. O primeiro é evidente: *bêt-*, derivado de *bait*, que significa *casa*. O segundo elemento, *-ania*, presta-se a diversas interpretações. [...] Aqui, vamos tomar a direção de interpretar Betânia como *casa do oprimido*, portanto, a partir da raiz 'NH – II, pois este é o significado que nos parece mais forte ao ouvido tomando em consideração o substantivo *'âni*"

no final do dia, quando saia do templo de Jerusalém (cf. Mc 11,11). Esse episódio, por certo histórico (BARBAGLIO, 1990, p. 379; FABRIS, 1990, p. 585), mostra a total liberdade de Jesus no confronto dos discípulos e das pessoas que presenciaram o feito; mostra, igualmente, a total confiança e liberdade de uma mulher que sabia, certamente, que seria reprovada por todos, mas não por Jesus. O gesto dessa mulher, então, está impregnado de fé, de esperança e de amor por Jesus. Além disso, pode-se dizer que, mais uma vez, Jesus, com seu assentimento ao gesto dessa mulher, frustrou os sentimentos e as expectativas dos que o rodeavam, mas, ao mesmo tempo, soube valorizar ao máximo a situação, deixando mais um salutar ensinamento.

A unção em Betânia assume uma importância singular, pois serviu para ratificar que Jesus é o Messias, isto é, o ungido de Deus. A mulher, em seu protagonismo, realiza um gesto profético para além do esperado e que, por isso, causou a repulsa dos presentes, disfarçada na legítima preocupação com os pobres (MAGGIONI, 1992, p. 397).[3] O Messias esperado poderia ser ungido por uma mulher? Para além dessa suposição, as mulheres aparecem, ao longo dos relatos evangélicos, como verdadeiras protagonistas de fé e esperança depositadas em Jesus como Messias.[4] Assim, a autoridade não estava na mulher, mas no gesto que foi capaz de realizar, destemidamente, diante dos presentes. O protagonismo das mulheres se repetirá durante a paixão, morte e ressurreição de Jesus. Dado que confere e exige, no mínimo, a devida atenção para o que se espera do Magistério da Igreja em relação às mulheres (PCJP, 2005, p. 89-90).[5] Tal atenção a ser dada provém das palavras que apenas Marcos reportou: "Em verdade vos digo, onde quer que seja pregado o Evangelho, no mundo inteiro será referido, também, em sua memória, o que ela fez" (Mc 14,9). Esse feito, juntamente com a missão do anúncio do Ressuscitado, confiado a Maria Madalena e às outras mulheres que com ela estavam (cf. Mt 28,9-10; Jo 20,17-18), ambos constituem exemplos

---

(MALZONI, 2010, p. 106). Essa interpretação está em consonância com o afirmado na nota 18 deste estudo.
[3] Sabe-se, porém, que os judeus mais observantes, por ocasião da Páscoa, davam esmolas aos pobres (PESCH, 1982, p. 494).
[4] Os Salmos 23,5; 92,11; 132,2 testemunham o que o Antigo Israel esperava que Deus fizesse em seu Messias e, através dele, para todo o povo.
[5] O Papa Francisco tem dado claros sinais de que é "preciso ampliar os espaços para uma presença feminina mais incisiva na Igreja" (FRANCISCO, 2013, 103). Essa preocupação ocupa integralmente os números 103-104 dessa exortação apostólica.

de como Jesus soube integrar o feminino na dinâmica do centro do Evangelho.[6]

A unção de Jesus em Betânia, segundo os relatos de Mateus (26,6-13) e Marcos (14,3-9), foi feita por uma mulher anônima,[7] que dele se aproximou enquanto estava à mesa, durante uma refeição, na casa de Simão, o leproso. Essa referência nominal permite admitir que tenha sido alguém curado por Jesus ou bem conhecido da comunidade cristã primitiva. Em todo caso, é um homem que não estava marginalizado por essa doença segregadora, do contrário não teria podido reunir pessoas na sua casa. "Sua enfermidade, entretanto, teria lhe valido o apelido" (MALZONI, 2010, p. 34). A refeição também poderia ser uma forma de comemorar a sua cura e reintegração social.[8] Apesar dessas considerações, se Jesus fosse a causa da cura de Simão não haveria sérios motivos para não se dizer, explicitamente, o fato (PESCH, 1982, p. 492).

A participação de Jesus, com seus discípulos, nessa refeição possui um alcance eclesial de grande envergadura, pois o seu seguimento implica, de certo modo, o rompimento com certas práticas sociais injustas. Não obstante isso, a cena da unção representa, igualmente, um novo rompimento, pois uma mulher, com seu insólito gesto, reivindicou espaço no meio dos homens para realizar uma ação mais que devocional, para não dizer uma ação subversiva, pois interagiu na concepção messiânica da época (MYERS, 1992, p. 426). A mulher, no relato de Mateus e de Marcos, está presente, no início, com o seu agir e, no final, pela sentença de Jesus a favor dela.

---

[6] "Maria Madalena é um modelo de crente. Porque ama até o extremo. Não mais ou menos, não de forma razoável, mas totalmente. Jesus abriu seus olhos ao amor pela cura e pela amizade... Maria está aí testemunhando o amor ao qual são chamados o cristão e a cristã, de forma total e sem limites para o bem" (MARTINI; SPORSCHILL, 2008, p. 135).

[7] É comum que um personagem, em uma narrativa bíblica, figure como anônimo. Os casos devem ser avaliados individualmente, mas, na maioria das vezes, serve como recurso literário para ampliar a aplicação e compreensão da mensagem, permitindo que o ouvinte-leitor "entre" e "faça parte" da narrativa (cf. Lc 23,18 e Jo 1,40).

[8] A lepra, na tradição bíblica, recebe grande atenção e, dentre as várias doenças de pele, tornava impura a pessoa acometida, segregando-a da família e da comunidade de fé, até que ficasse comprovada a sua cura. O sacerdote era quem determinava se uma pessoa estava ou não leprosa, se devia ser segregada ou podia regressar à comunidade (cf. Lv 13,1-44). Mirian ficou leprosa por ter murmurado contra seu irmão Moisés, e isso foi admitido como um castigo de Deus (cf. Nm 12,10). Moisés também experimentou a lepra (cf. Ex 4,6-8). O Antigo Testamento registrou vários episódios de lepra (cf. 2Rs 15,5; 7,3-5). A cura de Naamã, o sírio, pela ação do profeta Eliseu é um caso particular (cf. 2Rs 5), que foi até mesmo retomado por Jesus (cf. Lc 4,27), que, por sua vez, curou vários leprosos (cf. Mt 8,1-4; Mc 1,40-45; Lc 5,12-16; 17,11-19).

Já pelo relato de João (12,1-8)[9] a unção também aconteceu em Betânia, igualmente durante uma refeição, mas foi Maria, a irmã de Lázaro e de Marta, quem ungiu, não a cabeça, como em Mateus e Marcos, mas os pés de Jesus, enxugando-os com os seus cabelos.[10] Ao lado disso, porém, não há motivos ou indícios para se pensar que o evento não tivesse ocorrido na casa de Simão, pois é dito que Marta servia[11] e Lázaro era um dos comensais, pois estava à mesa com Jesus (SCHNACKENBURG, 1997, p. 608). O fato de João mencionar Maria, irmã de Lázaro e de Marta, não é elemento suficiente para se pensar que seria a mesma mulher do relato de Mateus e de Marcos. A unção de Betânia se contrapõe ao mau odor da morte.

Contudo, para João, o novo episódio ocorrido em Betânia incide, de forma dramática, na lembrança positiva, para alguns, e negativa, para outros, sobre a ressurreição de Lázaro dos mortos (Jo 12,1 refere-se, claramente, ao episódio narrado em Jo 11,1-44), pois, por causa desse feito, a sentença de morte foi decretada sobre Jesus pelos líderes dos judeus, em particular por Caifás, que era o sumo sacerdote em exercício naquele ano (cf. Jo 11,45-53). No episódio da ressurreição de Lázaro, somente Maria havia se lançado aos pés de Jesus (cf. Jo 11,32).

Nos três relatos, o feito da unção não repercutiu bem, pois foi considerado um desperdício, visto que o perfume usado era de grande valor por ser puro e precioso ("πιστικῆς πολυτίμου"). Segundo o relato de Mateus, os discípulos ficaram indignados. No relato de Marcos, a indignação adveio de alguns dentre os presentes. No relato de João, Judas Iscariotes foi quem se indignou com o feito. Pesa sobre ele uma dura sentença: era ladrão e usurpava da bolsa comum. O valor aproximado,

---

[9] Para um aprofundamento dos paralelos e das principais questões conexas, ver: MALZONI, 2010, p. 75-88.

[10] Lucas não trouxe o episódio de Betânia, mas parece que retrabalhou uma antiga tradição, pois menciona uma unção feita a Jesus por uma mulher pecadora (cf. Lc 7,36-50), que invade a casa de um fariseu, também chamado Simão, e unge os pés de Jesus, enxugando-os com os seus cabelos. Disso resulta a confusão com o episódio narrado por João, mas não há como identificar Maria, irmã de Lázaro, com a mulher pecadora do relato de Lucas. O Simão do relato de Lucas não é um leproso, mas um líder religioso. Pelo conjunto narrativo, percebe-se que a estrutura, o tempo e o propósito de Lucas não refletem os mesmos interesses que os de João. Somado a isso, Lucas narrou um episódio particular em Betânia, no qual Jesus está na casa dos irmãos Lázaro, Marta e Maria, a qual, por sua vez, está aos pés de Jesus, ouvindo o seu ensinamento, e dele recebe um elogio por sua opção (cf. Lc 10,38-42).

[11] No recinto dos comensais, as mulheres só transitavam para realizar o serviço (FABRIS, 1990, p. 585). Ao ungir Jesus, a mulher não apenas ousou ir além do permitido, mas revelou o verdadeiro significado do serviço, da liberdade e da generosidade do dom.

trezentos denários, é mencionado por Marcos e João. Essa cifra seria o correspondente à diária de um trabalhador do campo durante quase um ano. Já Judas Iscariotes, em Mateus e Marcos, é mencionado logo a seguir, disposto a entregar Jesus por trinta moedas de prata (cf. Mt 26,14-16; Mc 14,10-11), uma soma bem menor em relação ao valor do perfume, mas que, após a sua morte, foi suficiente para se comprar o campo do oleiro, que teve como destino o sepultamento dos estrangeiros (cf. Mt 27,3-10).

Comum aos três, porém, está o parecer de que o perfume deveria ter sido vendido e o dinheiro apurado, revertido em favor dos pobres. Mateus não especifica que o perfume era de puro nardo, essência extraída de uma planta aromática da Índia. Apenas Marcos afirma que a mulher quebrou o vaso.[12] Essa atitude incomum indica tanto a rapidez como a generosidade do gesto. Quanto à rapidez, porque é uma ação quase furtiva da mulher, para que nenhum dos presentes tivesse, talvez, tempo para impedir a sua ação. Quanto à generosidade, o gesto serviu para Jesus justificar e contrapor a ação da mulher com a reação dos que julgaram um desperdício, talvez homens. O relato, então, objetiva mostrar a justificação que o próprio Jesus deu para a ação da mulher, respondendo por ela aos que se opuseram: ela antecipou a caridade ou obra de misericórdia que se devia fazer a um morto, ungindo-o para a sepultura.

João é o único a afirmar que o perfume tomou conta da casa. Por extensão, pode-se pensar que o efeito não teria sido diferente no relato de Mateus e Marcos, apesar de a unção ter sido feita na cabeça e não nos pés.[13] A unção de Jesus em vida revela a sua realeza messiânica.[14] Com isso o odor do perfume se somou ao odor da refeição, símbolo da

---

[12] Marcos não concede, no seu Evangelho, um grande espaço às mulheres, como faz Lucas. Além de Maria, a mãe de Jesus Cristo (cf. Mc 6,3), alude a duas mulheres que foram atendidas por sua fé (cf. Mc 5,25-34; 7,24-30); relata o elogio que Jesus fez a uma viúva (cf. Mc 12,42-44) e concede protagonismo às mulheres que atuam no relato da paixão, morte e ressurreição de Jesus (cf. Mc 15,40-41; 16,1-8.9-11).

[13] Enquanto a unção sobre a cabeça era um sinal de honra e de hospitalidade, a unção dos pés era um gesto não grato, pois não se tocava nos pés de um judeu, quer por respeito, quer por incorrer em contaminação (SCHNACKENBURG, 1997, p. 609-610).

[14] A casa, repleta de perfume, é sinal da Igreja viva, que se contrapõe ao mau odor que um morto exala, sinal de uma Igreja morta, mesmo se foi preparado para o sepulcro (cf. Jo 11,39).

Eucaristia, e todos também puderam participar dos efeitos da unção, que marca a vida dos comensais do banquete eterno.[15]

O quadro a seguir apresenta a referência textual e contém parte da resposta dada por Jesus aos indignados com o "desperdício", isto é, aos incapazes de perceber a liberalidade do gesto de amor realizado pela mulher:

Mt 26,11	Mc 14,7	Jo 12,8
πάντοτε γὰρ	πάντοτε γὰρ	τοὺς πτωχοὺς γὰρ
sempre, com efeito,	sempre, com efeito,	os pobres, com efeito,
τοὺς πτωχοὺς ἔχετε	τοὺς πτωχοὺς ἔχετε	πάντοτε ἔχετε
pobres tereis	pobres tereis	sempre tereis
μεθ' ἑαυτῶν,	μεθ' ἑαυτῶν	μεθ' ἑαυτῶν,
convosco	convosco	convosco
ἐμὲ δὲ οὐ πάντοτε ἔχετε·	καὶ ὅταν θέλητε,	ἐμὲ δὲ οὐ πάντοτε ἔχετε.
a mim, porém, não sempre tereis.	e, quando quereis,	a mim, porém, não sempre tereis.
	δύνασθε αὐτοῖς εὖ ποιῆσαι,	
	podeis a eles fazer o bem,	
	ἐμὲ δὲ οὐ πάντοτε ἔχετε.	
	a mim, porém, não sempre tereis.	

Nota-se que o versículo possui semelhanças, mas não é igual em nenhum dos três relatos. Mateus e João possuem um texto praticamente idêntico. A mudança em João ocorreu, apenas, na inversão das palavras. João, nesse caso, possui uma ordem gramatical mais correta. Em contrapartida, Marcos possui, inicialmente, a mesma ordem que Mateus, mas traz um acréscimo que endossa a interpretação dada por Jesus, elemento ausente tanto em Mateus como em João. O final, porém, é igual para os três relatos.

---

[15] A unção com o óleo perfumado simboliza a oração que os fiéis elevam, como incenso, em honra do Cordeiro imolado (cf. Ap 5,9; 8,3-4).

O episódio não é entendido apenas como um símbolo profético em relação à morte e sepultura de Jesus,[16] mas também coloca a mulher como paradigma para o discipulado, pois ela realizou uma boa obra ("καλὸν ἔργον"), razão pela qual o que ela fez será lembrado e narrado na proclamação do Evangelho (cf. Mc 14,6.9). A resposta de Jesus insere-se na distinção judaica entre esmola e ato de amor (MYERS, 1992, p. 427; PESCH, 1982, p. 490; 495).

Desde a refeição na casa de Simão, o leproso, Jesus, ao aceitar a unção, admite que é pobre e necessitado dos cuidados previstos antes de morrer. É um Messias que não foge à morte. De igual modo, quem nunca teve onde reclinar a cabeça (cf. Mt 8,20; Lc 9,58) necessitará de uma sepultura. É possível fazer uma aproximação entre a cena da unção em Betânia e a sepultura, no Jardim do Getsêmani, que ficou aos cuidados do rico José de Arimateia (cf. Mt 27,57-61; Mc 15,42-47; Lc 23,50-56) e, segundo João, também de Nicodemos, que ungiu o corpo de Jesus com cem libras de uma mistura de mirra e aloés (cf. Jo 19,38-42). Em ambos os casos, pessoas consideradas ricas usaram de suas riquezas para favorecer Jesus. O discípulo autêntico é aquele que, aprendendo a fazer renúncias, toma a sua cruz de cada dia e segue Jesus (cf. Mt 16,24-28; Mc 8,34-36; Lc 9,23-27), rumo à cruz e à sepultura, sem as quais não acontece a ressurreição.

Jesus, ao dizer "pobres sempre tereis convosco", estaria reinterpretando ou reafirmando a ordem divina contida em Dt 15,11: "[...] porque não faltarão pobres no meio da terra; sobre isso, eu te ordeno ao dizer: abre generosamente a tua mão ao teu irmão, ao humilde e ao pobre da terra". Essa ordem, porém, deve ser confrontada com uma afirmação anterior: "De fato, não haverá pobres contigo, porque, certamente, o Senhor te abençoará na terra que o Senhor, teu Deus, está dando para ti por herança para possuí-la" (Dt 15,4). Nem Jesus nem a ordem divina contida em Dt 15,11 permitem que se interprete a pobreza como uma realidade querida por Deus.[17] O ser ou o estar pobre não é compará-

---

[16] A profecia sobre a morte, que nos sinóticos constitui a essência do episódio da unção em Betânia, não destoa da cristologia joanina (cf. Jo 7,33; 8,21.28; 9,4; 10,17; 11,9). O sentido profético encontra seu eco no sentido quase idêntico com Mt 26,11; Mc 14,7 (SCHNACKENBURG, 1997, p. 613-614).

[17] "A pobreza assume o valor moral quando se manifesta como humilde disponibilidade e abertura para com Deus, confiança nele. Estas atitudes tornam o homem capaz de reconhecer a relatividade dos bens econômicos e tratá-los como dons divinos a administrar e compartilhar, porque a propriedade original de todos os bens pertence a Deus" (PCJP, 2005, p. 190).

vel a uma enfermidade ou doença, mas não deixa de ser um mal que atinge e assola muitos seres humanos. Por isso, tanto para Jesus como para Dt 15,11, a constatação dessa realidade torna-se um empenho na vida de quem se devota ao serviço de Deus e do próximo. A pobreza, que assola a dignidade humana, é um mal que pode ser erradicado na medida em que a justiça social acontece (FABRIS, 1990, p. 586; GNILKA, 1991, p. 565-566).

É oportuno lembrar a exortação do Papa Francisco a esse respeito:

> Ninguém deveria dizer que se mantém longe dos pobres, porque as suas opções de vida implicam prestar mais atenção a outras incumbências. Esta é uma desculpa frequente nos ambientes acadêmicos, empresariais ou profissionais, e até mesmo eclesiais. Embora se possa dizer, em geral, que a vocação e a missão próprias dos fiéis leigos é a transformação das diversas realidades terrenas para que toda a atividade humana seja transformada pelo Evangelho, ninguém pode sentir-se exonerado da preocupação pelos pobres e pela justiça social: "A conversão espiritual, a intensidade do amor a Deus e ao próximo, o zelo pela justiça e pela paz, o sentido evangélico dos pobres e da pobreza são exigidos a todos". Temo que também estas palavras sejam objeto apenas de alguns comentários, sem verdadeira incidência prática. Apesar disso, tenho confiança na abertura e nas boas disposições dos cristãos e peço-vos que procureis, comunitariamente, novos caminhos para acolher esta renovada proposta (*Evangelii Gaudium* 201).

O que a mulher fez por Jesus nenhum dos discípulos fez, segundo Mateus; nenhum dos comensais, segundo Marcos; e muito menos Judas Iscariotes, segundo João: nenhum deles seria capaz de fazer com os seus próprios meios financeiros. Além desse aspecto material, essa mulher demonstrou estar acima da liberdade com que os discípulos e os convivas se relacionavam com Jesus. A mulher, pelo seu gesto, percebeu que deveria fazer algo por Jesus enquanto estivesse vivo. Ela antecipou com o seu gesto de amor o que Jesus expressou na interpretação: "a mim, porém, não sempre tereis". O momento para essa mulher demonstrar o seu amor por Jesus foi o momento oportuno, que não admitiu hesitações.

A interpretação dada por Jesus ao gesto da mulher, que cumpre as exigências do duplo mandamento (cf. Mc 12,28-34), permite que se faça uma distinção. O tempo da Igreja não é o tempo de Jesus. Enquanto ele deverá partir, a Igreja deverá continuar o seu caminho, preocupada com ele, preocupando-se com os pobres, seguindo o seu exemplo. Assim, diante do gesto da mulher, mais eloquente do que muitas palavras, a Igreja, que não pode esquecer do episódio quando anunciar o Evangelho, aprendeu que a interpretação dada por Jesus não permite aos seus seguidores alienarem o amor e a fé em rígidas categorias do útil e do eficaz. O que foi feito a Jesus estará na mesma direção do que for feito aos pobres, e não há um valor estipulado, pois o amor é o máximo critério. Em última instância, tudo o que for feito a eles será feito ao próprio Jesus, que se reconhecerá nos seus seguidores pelo que tiverem feito aos pobres (cf. Mt 25,31-46). "O amor concreto para com os pobres é o testamento deixado pelo Senhor à sua Igreja" (BARBAGLIO, 1990, p. 380).

2. OS "POBRES" E A "POBREZA" NA *GAUDIUM ET SPES*

Na constituição pastoral, o termo pobre, no singular, ocorre uma única vez, quando se faz referência ao episódio do rico insensato e do pobre Lázaro (27). As outras nove ocorrências estão sempre no plural: "pobres" (GS 1; 8; 15; 42; 63; 69; 81; 86; 88; 90). Em consonância ao termo "pobres", está o termo "pobreza", citado quatro vezes (GS 37; 57; 72; 88), mas nem sempre com o sentido negativo, pois a pobreza evangélica é elogiada.

Desse breve apanhado terminológico percebe-se que o tema é particularmente caro a essa constituição que se dispôs a falar, em 1965, da "Igreja no mundo de hoje". No "hoje do ontem", o hoje, após cinquenta anos, se abre ainda mais para reviver a graça que Deus imprimiu, na Igreja, renovando o modo de ser discípulo(a) de Jesus em favor dos pobres. Sobre isso, as palavras do Papa Francisco ressoam fortes:

> Apesar de toda a corrente secularista que invade a sociedade, em muitos países – mesmo onde o Cristianismo está em minoria – a Igreja Católica é uma instituição credível perante a opinião pública, fiável no que diz respeito ao âmbito da solidariedade e preocupação pelos mais indigentes. Em repetidas ocasiões, ela serviu de medianeira na solução de problemas que afetam a paz, a concórdia, o meio ambiente, a defesa da vida, os direitos humanos e civis etc. E como é grande a contribuição das escolas e das universidades católicas no mundo inteiro! E é muito bom que assim seja. Mas, quando levantamos outras questões que suscitam menor acolhimento público, custa-nos a demonstrar que o fazemos por fidelidade às mesmas convicções sobre a dignidade da pessoa humana e do bem comum (*Evangelii Gaudium* 65).

A condição de pobre e a situação de pobreza, na maioria das vezes, são frutos do desequilíbrio social ou sinais de que não há justiça social.[18] Não é um fenômeno novo, mas nos últimos tempos tornou-se uma ferida que está cada vez mais aberta e profunda, exigindo não apenas curativo, mas uma verdadeira sutura. As discrepâncias acontecem tanto no nível individual como no coletivo. Nesse sentido, o ser humano, criatura preferida de Deus, é, em última análise, "causa" e "efeito" tanto da condição de pobre como da situação de pobreza, para si ou para os demais, pelo mau emprego dos bens materiais. As desigualdades sociais, em todos os níveis, são geradoras de conflitos. Por isso continuam clamando por libertação e por justiça. Em última instância, por paz (GS 8).

Se o ser humano é protagonista dessas desigualdades, também pode ser da sua reversão. Erradicar a condição de pobre e a situação de pobreza são duas ações que podem e devem se tornar um projeto de vida. Para tanto, é preciso que cada um procure colocar a serviço do indivíduo e da coletividade os dons que recebeu; em particular a sabedoria, pela qual se adquire a arte do bem viver. Isso não é privilégio dos mais abastados economicamente, pois pessoas e povos mais pobres podem ser muito mais ricos em sabedoria. Nesse sentido, é sábio um ditado que diz mais ou menos assim: "Ninguém é tão rico que não necessite receber nem tão pobre que não tenha para dar". A partilha do saber e a partilha do ter são, no fundo, partilhas dos bens que o próprio Deus "semeia" entre os seres humanos (GS 15).

Lc 16,19-31 narra um episódio singular, no qual, de um lado, estava um homem muito rico e, do outro lado, estava Lázaro, um homem muito pobre. Tanto na vida como na morte, os dois não tiveram a mesma sorte, mas o que se seguiu à morte foi consequência do que cada um

---

[18] Na Bíblia Hebraica, dois termos são particularmente usados para indicar o pobre: אביון ('ebyón) e עָנִי ('anaw), respectivamente, um substantivo, que designa quem tem falta ou necessidade do que é essencial para viver, e um adjetivo, que designa a situação de opressão ou humilhação sob um forte jugo, capaz de levar à morte. No Novo Testamento, πτωχός traduz, na maioria das vezes, אביון. Próximo a עָנִי está עָנִי ('aní), que indica, particularmente, o membro do povo "sem terra", equiparado ao estrangeiro que, juntamente, com a viúva e o órfão, representavam as classes dos mais necessitados de proteção e amparo social. Essa condição caracteriza tais pessoas como curvadas pelo peso da vida, daí resulta a aflição e humilhação, que clamam por libertação, isto é, por uma condição que lhes devolva a dignidade e os coloque de cabeça erguida. Ex 1,1–15,21 é um texto importante, porque exemplifica como os filhos de Israel, de livres que eram, se tornaram escravos, mas, graças à ação libertadora de Deus, por meio de Moisés, voltaram à liberdade e se encaminharam rumo à terra de Canaã, para recebê-la como herança e, nela, viver com dignidade (DOMERIS, 2011, p. 222-226; DUMBRELL, 2011, p. 454-463).

experimentou durante a vida. O rico, que não sofreu qualquer tipo de privação em vida, após a morte passou a "viver" um estado de privação eterna. O pobre, que sofreu todo tipo de privação em vida, após a morte passou a "viver" um estado de consolação eterna. A lição desse episódio não é difícil de ser alcançada. A vida após a morte é um estado que será fruto da forma como se viveu a existência terrena. É uma lição que, para os ricos indiferentes, deve ser assimilada e levada a sério a fim de que saibam usar os próprios bens em favor dos mais pobres, para os quais a lição é de esperança e de consolo, pois a justiça que não experimentaram durante esta vida se tornou o prêmio eterno. A lição zela pelo respeito que cada ser humano merece receber do seu próximo (GS 27).[19]

A mensagem contida nessa lição deve ser vivida, de modo singular, pelos que se dizem seguidores de Jesus e procuram viver a sua fé de forma eclesial (cf. Tg 1,9-12; 2,14-17). O encontro de cada pessoa com o Evangelho é verdadeiro encontro com Jesus e com o modo novo de se viver, que ele inaugurou com a própria vida, amando os seus que estavam no mundo, *e amou-os até o fim* (cf. Jo 13,1). Desse modo, a identidade e a missão da Igreja, que derivam desse amor, colocam-na acima de qualquer associação humana, por mais beneficente que ela possa ser, porque não existe para ser servida, mas, a exemplo de seu fundador (cf. Mc 10,45), para servir todas as pessoas, independentemente da cor, da raça, do sexo, da sua condição social ou da religião. A Igreja existe para continuar promovendo no mundo a identificação de cada pessoa com Jesus, da mesma forma que ele, pelo mistério da Encarnação, passou a se identificar com cada pessoa, em particular com o pobre e o sofredor (GS 42).

À luz da sua identidade e missão, a Igreja e, nela, cada um de seus membros possuem um compromisso com Deus que vai além do religioso, porque exige justiça social, com particular atenção aos pobres. Esse compromisso se difunde em todas as áreas da vida humana, em particular nas que necessitam ser libertadas de todas as formas de egoísmo. Para a Igreja, não é autêntico um progresso que se alcança graças ao desprezo pela dignidade humana. Na linha de frente está o progresso econômico, que, em muitos casos, criou um verdadeiro abismo entre pessoas, povos e nações. Quando os bens não são partilhados por todos,

---

[19] "Segundo Jesus, não é preciso roubar, perjurar, matar, para sofrer o castigo. Basta ser insensível à desgraça alheia. Sua posição é mais dura do que a de qualquer profeta do Antigo Testamento" (LUÍS SICRE, 2011, p. 585).

de forma equânime, surgem todos os tipos de injustiça e compromete-se a paz.[20] A lição do rico insensato e do pobre Lázaro volta rapidamente à mente. Mas como reverter as situações de desigualdade econômica que não permitem a pessoas, povos e nações experimentarem o progresso ordenado à dignidade humana? (GS 63).

Para os que creem em Deus, um princípio basilar deveria reger as ações individuais e coletivas. Deus, ao criar o mundo e o ser humano, como a sua sublime criatura, destinou a este a terra e tudo o que ela contém para a sua subsistência e progresso. De igual modo, o que cada ser humano lucrou, com o suor do seu trabalho, se é digno, pode ser dito próprio, mas, de certa forma, também se destina a todos. É um princípio que não nega o direito da propriedade privada, mas a secunda quando se verificam desigualdades sociais gritantes, pois os bens da terra são universais e foram dados para a inteira comunidade humana. A justiça social torna-se, então, a lei que deve reger a vida humana, de modo que todos possam ter acesso aos bens necessários. Esse princípio, lamentavelmente, não é praticado pela grande maioria e, em particular, pelos povos e culturas economicamente mais abastados. A justa distribuição dos bens necessários entre todos continua sendo o grande desafio de todos os que reconhecem a validade desse princípio e se esforçam para torná-lo uma realidade. A Igreja, por sua missão, não se coloca apenas como uma voz da consciência mundial. Ela, em primeiro lugar, deve testemunhar que pratica esse princípio, pois os seus bens não são seus, mas frutos da participação dos fiéis do mundo inteiro que depositam,

---

[20] O שָׁלוֹם (*shalôm*) bíblico, isto é, a paz, não indica um estado de inércia diante das situações difíceis, mas uma condição de vida, fruto da conclusão de um feito e, nesse sentido, a certeza de que uma pessoa tem de estar completa em todos os níveis e dimensões da sua existência. Por isso, a saudação *shalôm* expressa o desejo de que as pessoas não sejam privadas de nenhum bem necessário para se viver durante muitos anos e com dignidade. Por exemplo, o justo salário recebido como paga por um honesto trabalho realizado é um *shalôm*. Dt 24,15 proíbe reter o salário do pobre. Tg 5,4 afirma que é um clamor que chega aos ouvidos de Deus. Nesse sentido, a relação entre paz e justiça (צְדָקָה [*tsedaqá*]) é indispensável, pois sem justiça não há paz. Ambas são expressões de uma vida plena e feliz (NEL, 2011, p. 131-135). O bem-estar físico ou emocional é reflexo do *shalôm*, isto é, uma tranquilidade, serenidade, um contentamento ou uma satisfação que expressam as relações com Deus, consigo mesmo, com o próximo e com toda a criação. O *shalôm* que Jetro desejou a Moisés pode ser tomado como exemplo (cf. Ex 4,18). Moisés necessitava reencontrar a paz e, para isso, tinha de realizar a sua missão como libertador, sem a qual não teria uma existência completa. Jesus, no contexto da última ceia, não apenas desejou a paz para os seus discípulos, mas deixou a sua paz para eles, e não como o mundo dá a paz (cf. Jo 14,27). Com isso Jesus encontrou nova forma de dizer que estava se entregando por eles. A paz de Jesus é sinal da sua presença viva entre os discípulos (cf. Jo 20,19.21.26).

em suas mãos, a caridade que deve ser praticada, em particular nos locais onde há maior miséria e necessidade (GS 69).

O uso dos bens econômicos, em muitos casos, está associado à guerra, que, sem dúvida alguma, pode se tornar o meio mais injusto de destruição dos seres humanos. Quantos milhões são destinados, anualmente, para a fabricação de armamentos e para a sustentação de guerras em diversas partes do mundo? Se defender-se do inimigo e do agressor é um direito não apenas individual, mas coletivo, muitos dos inimigos, porém, surgem como fruto da ganância dos que depois promovem as guerras sob a bandeira do direito de autodefesa. Se por ocasião da promulgação da *Gaudium et Spes* estava a memória ainda recente e nefasta da experiência da Segunda Guerra Mundial, nos dias atuais os conflitos se multiplicaram não apenas por motivos econômicos, mas, tragicamente, até por motivos ideológicos e religiosos. Apesar dos milênios de Judaísmo, de Cristianismo e de Islamismo – religiões que, juntas, representam quase que a metade dos habitantes do planeta –, os conflitos armados, na maioria das vezes, estão associados a uma ou a todas elas. Se, por um lado, a paz não é um sinônimo de ausência de guerra, por outro lado a promoção da guerra, pelas experiências já vividas ou em curso, não trouxe a paz como consequência, mas muita destruição, rancor, ódio e um contínuo desejo de vingança, geradora de violência (GS 81). A soberania de um povo sobre outro ou de uma nação sobre outra não se mede pela vitória numa guerra, mas pela capacidade de mediar os conflitos em prol do restabelecimento da paz pelo diálogo.[21]

O empenho pela paz mundial requer o empenho pelo desenvolvimento econômico do indivíduo, dos povos e das nações mais pobres. A justa distribuição dos bens materiais requer, igualmente, a partilha dos

---

[21] Nas escrituras hebraicas e cristãs, o tema da justiça e da paz não é tratado de forma unívoca. É possível encontrar a justiça e a paz sendo obtidas a preço de violência e de guerra pela lei do talião, mas também sem violência e guerra. Dessa última os profetas parecem ser os principais porta-vozes, pois foram verdadeiros estimuladores da consciência humana quanto à prática do direito e da justiça. Atentos à realidade, condenaram a usura, as fraudes, a exploração e as injustiças feitas aos mais pobres (cf. Os 4,1-2; Am 2,6-7; Mq 2,1-2; Is 58,3-11; Jr 7,4-7; 22,1-5). A riqueza e os bens econômicos não foram condenados, em si mesmos, pelos profetas, mas sim o seu mau uso (EPSZTEIN, 1990, p. 111-127). Tal realidade, aparentemente contraditória, é, no fundo, a estrutura psicológico-religiosa que se faz presente nos arquétipos humanos, assumidos de diversas formas, mas em particular pelas religiões. Em grande parte, as justificativas para certas atitudes violentas dos seres humanos aparecem fundamentadas nas atitudes divinas. O percurso que se pode fazer entre a revelação do Deus do Antigo Israel e a sua plenitude em Jesus Cristo culmina na cruz, pela qual toda forma de violência fica submetida ao amor salvífico de Deus (BARBAGLIO, 1997, p. 55-65).

bens espirituais. É no equilíbrio dos diversos tipos de bens que a sociedade humana cresce com dignidade e progride na direção do sapiente desígnio de Deus. Se existe uma guerra a ser declarada, ela deve ser contra todas as formas de egoísmos e desigualdades, que enfraquecem e fazem regredir todos os esforços humanos (GS 86). É dizendo não às desigualdades sociais que se promove a paz e se eliminam as violências.[22]

É nesse sentido que Jesus, em seus seguidores, continua a apelar pela caridade em favor dos pobres. Os cristãos que vivem na abundância e no desperdício dos bens dão um péssimo testemunho aos não cristãos. Em contrapartida, "o espírito de pobreza e de caridade são a glória e o testemunho da Igreja de Cristo". Isso é o que alimenta a vida em Jesus, quando o socorro não ocorre apenas com o uso do supérfluo, mas, principalmente, quando se abre mão até do necessário em favor de quem tem menos para sobreviver. Muitas vezes, é mais fácil a caridade ser feita e encontrada entre os pobres, que aprendem, pela carência, a partilhar o pouco que possuem para viver. Da própria pobreza cada cristão pode dispor de algo a favor de quem nada tem, independentemente de sua cor, raça, sexo ou religião, pois a marca registrada da caridade é o vínculo com Deus em favor do próximo e não com uma religião (GS 88).

Enfim, a caridade, por si mesma, exige ordenação e cooperação de toda comunidade humana, porque ela é o critério fundamental de toda ética social, visto que transcende a justiça, seja individual, seja coletiva (PCJP, 2005, p. 123-125). A caridade é o marco característico de um cristão, mas não é seu privilégio. O anúncio e a prática da caridade são, então, o meio e o fim mais eficazes para se erradicar do seio das sociedades as desigualdades que atentam contra a justiça e impedem o progresso, o bem comum e a instauração da paz. É o que afirma o Papa Francisco (2013, p. 177): "O *querigma* possui um conteúdo inevitavelmente social: no próprio coração do Evangelho aparece a vida comunitária e o compromisso com os outros. O conteúdo do primeiro anúncio tem uma repercussão moral imediata, cujo centro é a caridade".

---

[22] "Quando a sociedade – local, nacional ou mundial – abandona na periferia uma parte de si mesma, não há programas políticos nem forças da ordem ou serviços secretos que possam garantir indefinidamente a tranquilidade. Isto não acontece apenas porque a desigualdade social provoca a reação violenta de quantos são excluídos do sistema, mas porque o sistema social e econômico é injusto na sua raiz. Assim como o bem tende a difundir-se, assim também o mal consentido, que é a injustiça, tende a expandir a sua força nociva e a minar, silenciosamente, as bases de qualquer sistema político e social, por mais sólido que pareça" (FRANCISCO, 2013, p. 59).

Tal centro é, para os cristãos, um princípio irrenunciável e foi oportunamente lembrado pelo Papa Bento XVI na carta encíclica *Caritas in Veritate*:[23]

> "Caritas in veritate" é um princípio à volta do qual gira a doutrina social da Igreja, princípio que ganha forma operativa em critérios orientadores da ação moral. Destes, desejo lembrar dois em particular, requeridos especialmente pelo compromisso em prol do desenvolvimento numa sociedade em vias de globalização: a justiça e o bem comum (6).

Todos os esforços, nesse sentido, não são apenas bem-vindos, mas necessários. Para isso, a formação dos fiéis cristãos exige compromisso social para além das fronteiras da própria família, da paróquia e da diocese. Onde a vida humana estiver em risco, Jesus apela para a caridade dos seus seguidores. É a lição do lava-pés: "Se, portanto, eu, o Mestre e Senhor, vos lavei os pés, também deveis lavar-vos os pés uns aos outros. Dei-vos o exemplo para que, como eu vos fiz, também vós o façais" (Jo 13,14-15). Assim, a fronteira da caridade é a fronteira da vida, que vence qualquer forma de territorialidade (GS 90).

3. O COMPROMISSO SOCIAL COMO TAREFA PASTORAL DA IGREJA

A ação pastoral da Igreja, como compromisso social, em qualquer nível – local, regional, nacional ou mundial –, será sempre um caminho para a realização do reino de Deus, que Jesus inaugurou com a sua vida e, em particular, com a sua total doação pela salvação da humanidade.[24] "Todo aquele que, obedecendo a Cristo, busca primeiramente o reino de

---

[23] Para um aprofundamento sobre a encíclica social de Bento XVI *Caritas in Veritate*, ver: CHARENTENAY, 2009, p. 61-85. Também: SANTOS et al., 2010.

[24] No caso da Igreja Latino-Americana e do Caribe, o *Documento de Aparecida* possui o mérito de recolher não apenas as leituras, reflexões e propostas da *Gaudium et Spes*, mas, em particular, todos os esforços que, desde então, vêm sendo empreendidos para promover a realização do Evangelho de forma inculturada, a serviço da vida e da inclusão dos pobres (FERNANDES, 2014, p. 287-303). "O encontro com Jesus Cristo através dos pobres é uma dimensão constitutiva de nossa fé em Jesus Cristo. Da contemplação do rosto sofredor de Cristo neles e do encontro com ele nos aflitos e marginalizados, cuja imensa dignidade ele mesmo nos revela, surge nossa opção por eles. A mesma união a Jesus Cristo é a que nos faz amigos dos pobres e solidários com seu destino" (DAp 257).

Deus, recebe daí um amor mais forte e mais puro, para ajudar os seus irmãos e realizar, sob o impulso da caridade, a obra da justiça" (GS 72).[25]

Uma grande novidade trazida pela *Gaudium et Spes* foi a forma de falar, que, por sua vez, já permite ver o surgimento de um modo novo de conceber a relação da Igreja com o mundo. Não se fala de Igreja e mundo, mas de Igreja no mundo. Retoma-se, certamente, o sentido que o próprio Jesus quis dar ao dizer que os discípulos estão no mundo, foram eleitos do mundo, mas não são do mundo (cf. Jo 15,19). Se, por um lado, o mundo é uma realidade mais abrangente que a Igreja, por outro lado a Igreja está destinada a evangelizar todo o mundo (cf. Mt 28,19-20). Com essa mudança a *Gaudium et Spes* entende que, para entrar em diálogo com o mundo, a questão da superioridade deve ceder espaço para a dinâmica do serviço e do empenho pela promoção da justiça e da paz. Com isso, buscou-se superar o clássico confronto entre Igreja e Império, que se renovou entre Igreja e Estado. Assim, a Igreja entende que a sua identidade e missão têm tudo a ver com a compreensão de si mesma e com o seu posicionar-se na história,[26] pois, com o mundo, ela, além de padecer a mesma sorte, almeja a mesma finalidade: a felicidade.

A eficácia da ação redentora da Igreja no mundo passa, necessariamente, não apenas pela sua declarada e assumida opção preferencial pelos pobres (PCJP, 2005, p. 109-110; 253-254), mas, principalmente, pela sua opção pela pobreza evangélica, assumida como identificação com Jesus, que, embora sendo rico, se fez pobre para a todos enriquecer com a sua pobreza (cf. 2Cor 8,9). Muitos dos que dizem estar a favor dos pobres e que erguem a voz contra todas as formas de pobreza, lamentavelmente, vivem como abastados; comem bem, moram bem e desfrutam de todos os benefícios que a sociedade moderna dispõe e impõe como *status*, mas nem sempre compartilham seus bens com os mais pobres. Isso, porém, não é generalizado, pois, em diversos setores da Igreja e da sociedade,

---

[25] O trecho da GS 72 aplica-se a numerosas pessoas comprometidas em fazer o reino de Deus acontecer em todas as malhas e redes da realidade eclesial e social. Nessa perspectiva encontra-se a obra de Francisco de Aquino Júnior sobre a dimensão socioestrutural do reinado de Deus (2011), a qual faz uma solene memória de Dom Oscar Romero, bispo e mártir da Igreja de El Salvador, canonizado como São Romero da América, e recolhe diversos artigos publicados sobre a ação pastoral e social da Igreja.

[26] "Nossa sociedade pluralista e secularizada não significa apenas um desafio, mas também uma *chance* para a Igreja submeter a um exame crítico tanto sua pastoral tradicional quanto suas atuais estruturas. Naturalmente não surgirão imediatamente soluções mágicas que definam com clareza sua missão nesta sociedade. O importante é manter vivo e atuante o processo" (MIRANDA, 2013, p. 127).

encontram-se fiéis e pessoas não crentes que procuram fazer bom uso dos seus bens, colocando-os, de diversas maneiras, à disposição e ao serviço dos mais necessitados, vencendo o egoísmo. Lutam por não se deixar escravizar pelo consumismo desenfreado (bastaria pensar nos objetos de consumo desejados: carro do ano, casa própria, computador ou celular de última geração etc.), o qual determina o crescimento econômico e cria indicadores metodológicos para se precisar quem deve ser classificado como pobre, mas não determina o crescimento da pessoa pela dignidade do seu ser.[27] Com o ser humano de volta ao centro, não como antropocentrismo nefasto, mas como objeto-sujeito perene do amor de Deus, a Igreja, pela *Gaudium et Spes*, manifestou a convicção de que o gênero humano, redimido em Jesus, é o específico universal sobre o qual a identidade histórica, individual ou coletiva, deve ser alvo de autoavaliação e autocrítica.[28]

A pobreza evangélica, tão necessária nos dias atuais e que deve estar visível principalmente entre os discípulos de Jesus, não vai confundida com as situações de pobreza que assolam o ser humano de diversas maneiras. Por exemplo, uma pessoa rica de bens materiais pode estar debaixo de uma verdadeira pobreza cultural e religiosa. Em contrapartida, uma pessoa pobre de bens materiais pode ser imensamente rica de bens culturais e religiosos. Apesar disso, existem em diversos pontos do planeta realidades de extrema pobreza que clamam por solução, seja material, seja cultural, seja religiosa. A escassez de alimentos, a falta de água e as condições mínimas de sobrevivência estão entre as mais urgentes. Quanto alimento e água estão sendo desperdiçados no mundo? Sobre os povos e as nações de maioria cristã, que possuem esses bens em abundância, pesa a mais séria responsabilidade pública, social e eclesial. A ajuda humanitária tem crescido nos últimos anos,

---

[27] Como estudar e classificar, de forma quantitativa e qualitativa, o pobre e a pobreza? Essa não é uma questão periférica, mas exige que os resultados não sejam apenas estatísticas (GÓMEZ, 2005, p. 10-30).

[28] É preciso olhar, com atenção, para a história que precede, acompanha e permite que o legado do Concílio Vaticano II sobre os pobres não seja tomado apenas como um tema tratado, mas como uma missão que exige renovado ardor por Jesus Cristo e por sua Igreja. Sem isso não se percebe que a grande revolução eclesial que o Concílio trouxe foi mostrar que a verdadeira opção por Jesus Cristo acontece pela radical opção pelo ser humano. A Igreja Latino-Americana e do Caribe tem procurado, em meio aos seus altos e baixos, mostrar isso através de uma teologia que não é apenas teoria, mas, principalmente, pastoral, social e prática. Uma feliz contribuição sobre esse percurso foi apresentada, recentemente, na obra de Maria Cecília Domezi (2014), que recorda a importância do Pacto das Catacumbas, que selaram alguns bispos conciliares, comprometendo-se com uma Igreja pobre e servidora dos pobres.

mas, lamentavelmente, o desperdício também. A ajuda que se presta não licita o uso indevido dos bens, mas exige que sejam, cada vez mais, administrados com consciência e responsabilidade. Diversas iniciativas da Igreja, através de campanhas missionárias, ao longo dos últimos decênios, têm procurado amenizar esse sofrimento em diversos continentes, mas precisam ser continuamente fomentadas para que os esforços se intensifiquem (GS 88).

Nos últimos cinquenta anos, outras formas de pobreza começaram a colocar em sérios riscos o ser humano, que passou a ser vítima do comércio das drogas e do sexo, geradores de exclusão, abandono e altos índices de violência na sociedade. Quantas famílias destruídas! Somam-se a isso as crises econômicas, os embargos políticos a povos e nações, os atentados terroristas ligados aos fundamentalismos religiosos. O momento atual é de grande indefinição, e as instituições estão perplexas. Dentre essas, a Igreja busca refletir sobre si mesma, fazendo memória e exame de consciência a fim de que não esqueça a sua identidade e a sua missão no mundo, pois está comprometida com o destino da humanidade (PCJP, 2005, p. 19-20; 24; 64-65).

As vicissitudes que envolveram a vida e o ministério público de Jesus se tornaram as bases para a vida e a ação da Igreja, que, enquanto caminha neste mundo, deve se empenhar, cada vez mais, para a ele se assemelhar. Exemplos não faltaram e não faltam, pois a Igreja que recebeu a missão de evangelizar toda criatura, gerar discípulos e ensinar a observar tudo o que Jesus ensinou e fez, com a sua presença no mundo, foi, é e continuará sendo um sinal de contradição diante de todas as formas de injustiças e desigualdades sociais.

A Igreja, graças ao diálogo em diferentes níveis, está sempre mais convencida de que deve ser, entre os seres humanos, um princípio de reconciliação, sem abrir mão da promoção humana em torno do bem, da justiça e da verdade na caridade (BENTO XVI, 2009, 1-9). Ao mesmo tempo, ela precisa mostrar, através da sua ação pastoral e social, em particular pelos mais necessitados, a face paciente e misericordiosa de Deus, manifestada em Jesus, que se fez pobre, viveu como pobre e fez da pobreza não um estigma, mas um caminho para a verdadeira riqueza: a vida na graça de Deus que restaura o bem comum.

> Querer o bem comum e trabalhar por ele é exigência de justiça e de caridade. Comprometer-se pelo bem comum é, por um lado, cuidar e, por outro, valer-se daquele conjunto de instituições que estruturam jurídica, civil, política e culturalmente a vida social, que deste modo toma a forma

de pólis, cidade. Ama-se tanto mais eficazmente o próximo quanto mais se trabalha em prol de um bem comum que dê resposta também às suas necessidades reais. Todo cristão é chamado a esta caridade, conforme a sua vocação e segundo as possibilidades que tem de incidência na pólis (BENTO XVI, 2009, 7).

Cada encontro oportuno com Jesus Cristo que a Igreja, através da sua ação pastoral e social, consegue realizar é uma nova oportunidade que o ser humano passa a ter para rever a sua própria vida e opções fundamentais. A Igreja, para ser fiel a Jesus Cristo e ao seu Evangelho, não pode reduzir ou converter a questão social em ação evangelizadora absoluta. Enquanto Jesus Cristo e a sua mensagem não forem assimilados pelo ser humano, as estruturas nas quais ele vive – política, econômica, religiosa – não serão transformadas e purificadas. Quase dois mil anos de Cristianismo ainda não foram suficientes para transformar as estruturas, porque o reino de Deus ainda não é a base de todas elas.[29] Certo, o reino de Jesus não é deste mundo, mas isso não autoriza os discípulos a negligenciar e a se recusar na luta pela justa divisão dos bens através da promoção da caridade.

CONSIDERAÇÕES FINAIS

A mudança que ocorreu na vida dos discípulos veio, exatamente, pela conversão a Jesus e ao seu modo de viver na total entrega à vontade do Pai. As alegrias e as esperanças da Igreja dos tempos do Concílio Vaticano II não se perderam ao longo desses cinquenta anos. Ao contrário, elas continuam a alimentar o desejo de que a sua renovação interna conseguirá ocasionar muitas renovações externas.[30] Sem renun-

---

[29] "O Reino inaugurado por Cristo aperfeiçoa a bondade original da criação e da atividade humana comprometida pelo pecado. Liberto do mal e reintroduzido na comunhão com Deus, cada homem pode continuar a obra de Jesus, com a ajuda do seu Espírito: fazer justiça aos pobres, resgatar os oprimidos, consolar os aflitos, buscar ativamente uma nova ordem social, em que se ofereçam adequadas soluções à pobreza material e sejam contidas mais eficazmente as forças que dificultam as tentativas dos mais fracos de se liberarem de uma condição de miséria e de escravidão. Quando isto acontece, o Reino de Deus se faz já presente sobre esta terra, embora não lhe pertença. Nisto encontrarão finalmente cumprimento as promessas dos Profetas" (PCJP, 2005, p. 190).

[30] Entre tantas renovações encontra-se o forte desejo de que leigos e leigas tenham voz e vez nas decisões que a Igreja precisa tomar, pois sem eles e elas não conseguiria estar plenamente inserida em todas as camadas do tecido social (PCJP, 2005, p. 301-317). Sobre o tema, o recente livro de A. da Silva Pereira (2014) tem muito a contribuir, pois,

ciar ao seu papel profético, denunciando todas as estruturas geradoras de injustiças, a Igreja, nos dias atuais e seguindo o exemplo de Jesus, exorta os fiéis à liberalidade e à renúncia pelo serviço e pela prática da justiça a favor dos pobres e em prol do bem comum, como fez a Igreja primitiva (cf. At 2,44-46; 4,34-37).

Muitas vezes, o que debilita a credibilidade da Igreja fora das suas fronteiras visíveis é a falta de justiça social que se verifica dentro das suas próprias fronteiras. Enquanto, por exemplo, algumas paróquias são muito ricas, outras são muito pobres. Enquanto algumas dioceses são muito ricas, outras são muito pobres. O clamor pela justa distribuição dos bens acontece, igualmente, dentro das próprias estruturas eclesiais. Não faltam, porém, iniciativas, tais como, por exemplo, a organização em favor da igreja que sofre. É o exemplo que se repete das Igrejas da Macedônia, as quais, apesar da sua pobreza, demonstraram ser capazes de grande generosidade para vir ao encontro da Igreja de Jerusalém, fazendo resplandecer o exemplo da caridade de Jesus (cf. 2Cor 8,1–9,15). Quando isso é levado a sério, ajuda, tanto dentro como fora da Igreja, a compreender o sentido do abandono à Providência Divina. Deus continua a espargir a sua caridade através da generosidade dos que se deixam conduzir pelo seu Espírito de amor.

Um mundo renovado, equiparado ao reino de Deus, no qual o bem, a justiça e a verdade são, igualmente, bens que se encontram na vida de todos e não apenas de alguns, ajuda a entender que os sacrifícios voluntários e temporários dos mais ricos em favor dos mais pobres, que já vivem em um quase sacrifício perene, sinalizam que o fermento ainda está levedando a massa do mundo em transformação. Se quisermos prosseguir com a reflexão, bastaria tomar a sério a Carta de Tiago como uma exortação perene contra o desvio de comportamento dos mais ricos em detrimento dos mais pobres (cf. Tg 2,1-9). Deus, pois, escolheu os mais pobres deste mundo para serem ricos na fé e herdeiros do reino que prometeu aos que o amam (cf. Tg 2,5). Também é preciso não esquecer que o milagre acontece quando Jesus, através da sua Igreja, continua olhando com amor para os Zaqueus dos nossos dias, gerando neles a capacidade de abrir as mãos com generosidade para socorrer os pobres (cf. Lc 19,1-10). De algum modo, acontece de novo o episódio da unção de Jesus em Betânia, que continua motivando a Igreja a ser sal, luz e sinal de alegria e esperança para o mundo em contínua transformação.

---

a partir da sua vasta experiência como docente de Eclesiologia e de Direito Canônico, apresenta diversos critérios de análise.

Os ricos, a exemplo de Zaqueu, precisam ser salvos das suas riquezas a fim de que, com as suas riquezas, socorram os pobres, pois elas existem para ser partilhadas (PCJP, 2005, p. 191-192). Esse intercâmbio aconteceu na vida de Zaqueu e foi fruto do intercâmbio dos olhares entrecruzados de Jesus, defensor dos pobres, com Zaqueu, explorador dos pobres. Ao entrar na casa de Zaqueu, Jesus entrou na vida dele. Se houve murmúrio e críticas, por certo, a partir do momento em que presenciaram Zaqueu dando metade dos seus bens aos pobres, se calaram, pois descobriram que a maior riqueza não consiste em acumular, mas partilhar com os que nada têm. Essa partilha, longe de ser uma perda, é um investimento, para que, no seio de Abraão, os pobres acolham os seus benfeitores. Ao partilhar os próprios bens, os ricos "se tornam pobres" e começam a entender o que significa a verdadeira riqueza.

A Igreja, para ser fiel ao seu Senhor, nunca pode esquecer a interpretação da unção em Betânia e a interpretação do desfecho na casa de Zaqueu: "Pobres sempre tereis convosco... e quando quereis, podeis fazer o bem a eles" (Mc 14,7), pois "o Filho do homem veio procurar e salvar o que estava perdido" (Lc 19,10). O encontro com Jesus aproxima o episódio de Betânia com o de Jericó. Que a Igreja promova o encontro das pessoas com Jesus, fazendo a vida mais solidária, fraterna e aberta a todos os que são pobres ou que se fizeram pobres por amor a Deus e ao seu reino de justiça e de paz.

Todas as vezes que a Igreja se volta com fé e esperança para Jesus Cristo e, por ele, para o pobre, a fim de socorrê-lo pela caridade, ela repete e renova o gesto da unção em Betânia, valorizando as oportunidades de fazer o bem aos pobres e, por eles, ao próprio Senhor. Com isso, supera-se a preocupação com uma moral de manuais e ocupa-se mais com a situação concreta de cada pessoa, fazendo a Igreja voltar-se não para si mesma, mas inteiramente para o coração do Evangelho, isto é, para o que é o essencial na realização da sua missão: acolhimento, escuta e acompanhamento de todo aquele que Deus chama a fazer parte do seu reino (ANTONIO PAGOLA, 2012, p. 309-315).

REFERÊNCIAS BIBLIOGRÁFICAS

ANTONIO PAGOLA, J. *O caminho aberto por Jesus – Lucas*. Rio de Janeiro: Vozes, 2012.

AQUINO JÚNIOR, F. *A dimensão socioestrutural do reinado de Deus;* escritos de teologia social. São Paulo: Paulinas, 2011.
BARBAGLIO, G. O evangelho de Mateus. In: BARBAGLIO, G.; FABRIS, R.; MAGGIONI, B. *Os evangelhos* (I). São Paulo: Loyola, 1990. p. 34-420.
BARBAGLIO, G. Sacra Scrittura. In: *Dizionario di Teologia della Pace.* Bologna: EDB, 1997. p. 55-65.
BENTO XVI. Carta encíclica *Caritas in Veritate;* sobre o desenvolvimento humano integral na caridade e na verdade. Vaticano: 2009. Disponível em: <http://www.portal.ecclesia.pt/instituicao/ktml2/files/61/Caritas%20in%20veritate%20pdf.pdf>. Acesso em: 22 jan. 2015.
CELAM. *Documento de Aparecida.* Texto conclusivo da V Conferência Geral do Episcopado Latino-Americano e do Caribe. 7. ed. Brasília/São Paulo: CNBB/Paulus/Paulinas, 2008.
CHARENTENAY, P. La encíclica social de Benedicto XVI – *Caritas in Veritate. Cuadernos del Centro* de la FIUC (2009) 61-85. Disponível em: <http://fiuc.org/fr/publi/handle/106>. Acesso em: 22 jan. 2015.
DOMERIS, W. R. אֶבְיוֹן. In: VANGEMEREN, W. A. (org.). *Novo Dicionário Internacional de Teologia e Exegese do Antigo Testamento.* São Paulo: Editora Cultura Cristã, 2011. v. 1, p. 222-226.
DOMEZI, M. C. *O Concílio Vaticano II e os pobres.* São Paulo: Paulus, 2014.
DUMBRELL, W. J. עָנִי. In: VANGEMEREN, W. A. (org.). *Novo Dicionário Internacional de Teologia e Exegese do Antigo Testamento.* São Paulo: Editora Cultura Cristã, 2011. v. 3, p. 454-463.
EPSZTEIN, L. *A justiça social no antigo Oriente Médio e o povo da Bíblia.* São Paulo: Paulinas, 1990.
FABRIS, R. O evangelho de Marcos. In: BARBAGLIO, G.; FABRIS, R.; MAGGIONI, B. *Os evangelhos* (I). São Paulo: Loyola, 1990. p. 421-621.
FERNANDES, L. A. Missão e missiologia a partir da *Evangelii Gaudium.* In: AMADO, J. P.; FERNANDES, L. A. (orgs.). *"Evangelii Gaudium" em questão.* Aspectos bíblicos, teológicos e pastorais. Rio de Janeiro/São Paulo: Editora PUC-Rio/Paulinas, 2014. p. 277-308.
FRANCISO. *Evangelii Gaudium.* Brasília: Edições CNBB, 2013.
GNILKA, J. *Il vangelo di Matteo* (Parte seconda). Brescia: Paideia, 1991.

GÓMEZ, R. A. Un enfoque cualitativo para el estudio de la pobreza. *Cuadernos del Centro* de la FIUC (2005) 10-30. Disponível em: <http://www.fiuc.org/w/cms/JournalsrevuesALL/text1.pdf>. Acesso em: 22 jan. 2015.

LUÍS SICRE, J. *Com os pobres da Terra. A justiça social nos profetas de Israel.* São Paulo: Academia Cristã/Paulus, 2011.

MAGGIONI, B. O evangelho de João. In: FABRIS, R.; MAGGIONI, B. *Os evangelhos* (II). São Paulo: Loyola, 1992. p. 249-543.

MALZONI, C. V. *Jesus em Betânia (Mc 14,3-9). Um gesto de generosidade e ternura no início do relato da Paixão.* São Paulo: Paulinas, 2010.

MARTINI, C. M.; SPORSCHILL, G. *Diálogos noturnos em Jerusalém. Sobre o risco da fé.* São Paulo: Paulus, 2008.

MIRANDA, M. F. *A Igreja que somos nós.* São Paulo: Paulinas, 2013.

MYERS, C. *O evangelho de São Marcos.* São Paulo: Paulus, 1992.

NEL, P. J. שלם, p. 131-135. In: VANGEMEREN, W. A. (org.). *Novo Dicionário Internacional de Teologia e Exegese do Antigo Testamento.* São Paulo: Editora Cultura Cristã, 2011. v. 4, p. 131-135.

PEREIRA, A. S. *Participação dos leigos nas decisões da Igreja Católica.* Rio de Janeiro/São Paulo: Editora PUC-Rio/Loyola, 2014.

PESCH, R. *Il vangelo di Marco* (Parte seconda). Brescia: Paideia, 1982.

PONTIFÍCIO CONSELHO "JUSTIÇA E PAZ" (PCJP). *Compêndio de Doutrina Social da Igreja.* São Paulo: Paulinas, 2005.

SANTOS, A. C. et al. (orgs.). *Economia e vida na perspectiva da encíclica "Caritas in Veritate".* São Paulo: Companhia Ilimitada, 2010. Disponível em e-book digital: <http://www.pucsp.br/fecultura/livros/pdf/livroA4.pdf>. Acesso em: 22 jan. 2015.

SCHNACKENBURG, R. *Il vangelo di Giovanni* (Parte seconda). Brescia: Paideia, 1977.

ALGUNS TÓPICOS DE ANTROPOLOGIA PAULINA NA *GAUDIUM ET SPES*

Isidoro Mazzarolo

INTRODUÇÃO

A *Gaudium et Spes* é um dos mais belos tratados da antropologia teológica. A compreensão do ser humano no mundo e seus percalços a cada momento de sua história provocam muitas reflexões. A abrangência dos seus tratados envolve toda a gama de interstícios da convivência humana. Na visão da *Gaudium et Spes*, o ser humano é humano enquanto criatura divina no cosmos independentemente de sua opção religiosa, política ou econômica. Dessa forma, não se pode ver o ser humano como objeto de exploração, dominação ou descarte.

Nossa proposta de reflexão foi, até certo ponto, aleatória, mas quisemos tomar alguns elementos da *Gaudium et Spes* e relacioná-los com a antropologia paulina a fim de perceber como o Apóstolo dos Gentios, à luz das pegadas de Jesus, construiu a sua teologia da identidade, da alteridade e da unidade nas comunidades cristãs primitivas.

AS ALEGRIAS E AS ESPERANÇAS DE ONTEM E DE HOJE

Gaudium et Spes, no seu proêmio, afirma que os anseios do ser humano de hoje são os mesmos de ontem. Ninguém sonha com a tristeza, o tédio, a desgraça e a dor, mas sempre com o reverso da moeda. Se o fim último da expectativa humana é a felicidade, logo não pode ser esperado o contrário no tempo presente. Em qualquer etapa da vida, ou em qualquer era da história humana, todos esperaram e esperam ser felizes.

Os nove "macarismos" (bem-aventuranças) de Jesus (Mt 5,2-12) revelam o olhar do Messias para fora de Israel e adaptado às nações. De modo análogo, os sete "macarismos" do Apocalipse apontam para uma realidade muito distante de um ambiente semita.[1] Jesus e o autor do Apocalipse refletem de modo semelhante: o fim último do ser humano é ser feliz, é realizar e plenificar os seus dons. Nessa perspectiva, podemos anexar as teorias dos filósofos gregos, os quais também ensinavam que a expectativa última da vida humana era a felicidade, mas essa precisava ser construída neste mundo através da prática da virtude e da justiça (MAZZAROLO, 2011, p. 70-73). A meta da vida, na filosofia estoica, foi sempre a realização plena da vida, por isso que no pensamento de Cícero estava a perspectiva do sábio que vivia e amava, no presente, o seu fim último, o *telós* (MAZZAROLO, 2011, p. 71).

A *alegria* é um tema muito forte na Bíblia, aparece cento e quarenta e oito vezes, com destaque para dois livros do Antigo Testamento (no profeta Isaías, vinte e duas vezes; nos Salmos, vinte incidências). No Novo Testamento, os textos com maior relevância ao tema são o Evangelho de Lucas (oito vezes) e Atos dos Apóstolos (seis vezes).

A alegria é o antídoto para a tristeza e o desespero. Paulo, mesmo sendo muito comedido no uso do termo, usa-o de modo extremamente pedagógico na Carta aos Filipenses. É na sua passagem evangelizadora em Filipos (At 16,11-40) que ele tem a sua primeira experiência de prisão por causa do Evangelho. Depois de sua libertação, Paulo e seus companheiros precisam fugir para Tessalônica (At 17,1ss) e de lá seguir fugindo da perseguição. Ao escrever aos cristãos de Filipos, alguns anos depois, Paulo associa os filipenses no mesmo contexto das suas prisões e sofrimentos por causa do Evangelho. Os filipenses estavam em situações semelhantes às do Apóstolo quando ele passou por Filipos, por isso eles estavam participando de cadeias, prisões e acusações da mesma natureza (Fl 1,7). Na conclusão da carta, o Apóstolo repete a exortação: "Alegrai-vos sempre no Senhor. Digo novamente: alegrai-vos" (Fl 4,4).

A razão da alegria, no Senhor, é para a superação da tristeza, do tédio e da dor gerada pelas prisões, sofrimentos e, não raro, da morte

---

[1] MAZZAROLO, I. *O Apocalipse;* esoterismo, profecia ou resistência?, p. 22. O setenário das bem-aventuranças faz um percurso retroativo da escatologia à criação, especialmente na última (Ap 22,14), quando o autor afirma que os que alvejaram suas vestes no sangue do Cordeiro receberão a autoridade sobre a árvore da vida (Gn 2,8) e entrarão na cidade pelas portas (Jo 10,2), pois têm a homologação da passagem para entrar e sair.

nas prisões. Portanto, a alegria é o antídoto da tristeza e do tédio diante do paradoxo da dor e do sofrimento.

Gaudium et Spes, no seu proêmio, começa com uma linha teológica muito próxima daquela que Paulo usa para encorajar os cristãos de Filipos: "As alegrias e as esperanças, as tristezas e as angústias dos homens de hoje, sobretudo dos pobres e de todos aqueles que sofrem, são também as alegrias e as esperanças, as tristezas e as angústias dos discípulos de Cristo" (GS 1). Infelizmente, no antagonismo do mundo, a luz e a treva são dois paradigmas opostos e inconciliáveis (Jo 1,4-5). Diante dessa realidade perplexa e paradoxal, é importante considerar quatro aspectos:

a. *As confissões do profeta Jeremias:* "Tu me seduziste, Senhor, e eu me deixei seduzir; tu te tornaste forte demais para mim, me dominaste. Sirvo de escárnio todo dia e todos zombam de mim" (Jr 20,7). E o profeta continua afirmando seu sofrimento por causa da fidelidade a IHWH (Jr 20,8-18).

b. *A profecia de Jesus:* "Bem-aventurados sereis vós quando vos injuriarem e vos perseguirem e, mentindo, disserem todo o mal contra vós por causa de mim. Alegrai-vos e rejubilai, pois será grande a vossa recompensa nos céus. Da mesma forma perseguiram os profetas que vieram antes de vós" (Mt 5,11-12).

c. *As confissões de Paulo:* "São ministros de Cristo? Como insensato, digo eu: muito mais pelas fadigas, muito mais pelas prisões, infinitamente mais pelos açoites. Muitas vezes, vi-me em perigo de morte. Dos judeus recebi cinco vezes os quarenta golpes menos um. Três vezes fui flagelado. Uma vez, apedrejado. Três vezes naufraguei. Passei um dia e uma noite em alto-mar... fadigas, duros trabalhos, muitas vigílias, fome e sede, incontáveis jejuns, frio, nudez. Isso, sem contar a minha preocupação com a sobrevivência no cotidiano, a solicitude que tenho por todas as igrejas..." (2Cor 11,23-28).

d. *A parênese do Papa Francisco:* "Nós somos capazes de devastar a terra de modo melhor que os anjos. O homem, que já se considera deus, destrói tudo, descarta os pobres que pedem pão, as crianças que estão com fome. Estamos devastando a vida, devastando as culturas, devastando os valores, devastando a esperança. Os pequenos, os pobres, aqueles que, como pessoas, acabaram descartados. Essa não é uma história antiga, mas uma realidade que se repete hoje. Direi mais, parece que essa gente, essas crianças famigeradas, os doentes e os inválidos parece que não contam, parece que pertencem a outra espécie, não sejam humanos. E essa multidão está diante de Deus e clama: Por favor, salvação! Por favor, paz! Por favor, pão! Por favor, trabalho! Por favor, filhos e avós! Por favor, jovens, com a dignidade e honra de poder trabalhar! Mas os perseguidos, entre eles os que são perseguidos por causa da sua fé...!".[2]

As confissões do profeta Jeremias, a profecia de Jesus, a confissão de Paulo e a homilia do Papa Francisco revelam que as alegrias e as tristezas, as esperanças e os clamores de *ontem e de hoje* são os mesmos. A tensão que, de modo paradigmático, é colocada no livro do Apocalipse (Ap 12) entre a mulher e o dragão não é uma história do passado, não é uma lenda mitológica, não é uma imaginação do autor, mas uma página da vida de *ontem e hoje* (MAZZAROLO, 2010, p. 122). Dessa forma, nada mais atual do que o proêmio da *Gaudium et Spes*. As expectativas de ontem e de hoje são as mesmas, o que muda é o contexto, a visão, a compreensão e a hermenêutica. Portanto, os homens e as mulheres de ontem não tinham vida mais fácil, tempos mais suaves ou crises muito diferentes. Homens e mulheres, do ponto de vista sociológico, político, antropológico e religioso, partilham de tensões e decisões semelhantes, mesmo estando distantes no espaço e no tempo.

A COMUNIDADE HUMANA CAMINHA NA HISTÓRIA GUIADA PELO ESPÍRITO SANTO

GS 1 afirma que a Igreja é "uma comunidade formada por homens que, reunidos em Cristo, são guiados pelo Espírito Santo na sua peregrinação em demanda do reino do Pai e receberam a mensagem da salvação para a comunicar a todos". No relato dos Atos dos Apóstolos encontra-se a narrativa do nascimento da Igreja em Pentecostes (At 2,1-13). Esse nascimento plenifica as profecias de Jesus no Evangelho de João (Jo 14,26; 15,26; 16,7-10.12). As promessas de Jesus de que o Paráclito iria acompanhar e dirigir os discípulos de Jesus revelam que a igreja não ficaria órfã ou abandonada, mas continuaria sendo assistida pelo Pai, através do Espírito.

---

[2] PAPA FRANCISCO. *Homilia no Dia de Todos os Santos*, em Campo Verano, Itália, 1º.11.2014.

Gaudium et Spes busca uma fundamentação bíblica para dar confiança aos cristãos que caminham em meio a tribulações e sofrimentos. Paulo acentua a importância da pneumatologia para construir uma esperança antropológica mais sólida ao redor de Jesus Cristo: "A Lei do Espírito da vida em Cristo Jesus te libertou da lei do pecado e da morte" (Rm 8,2). Essa libertação do pecado e da morte, pela Lei do Espírito, permite reconectar os filhos dispersos em torno da mesma família e da mesma comunhão. A Lei da carne, pois é desse modo que ele trata a Lei de Moisés (Rm 8,3), impedia a comunhão entre judeus e pagãos, entre sãos e doentes, ou entre puros e impuros, pois ela segregava e separava uns dos outros. A Lei do Espírito, no entanto, derrubou esse muro de separação e os que vivem segundo o Espírito, que significa separar-se do pecado e da morte gerada pelo pecado. O Espírito é vida pela justiça (Rm 8,10), e quem está em Cristo tem o Espírito de vida e dá sentença de morte ao pecado. Todos os que são conduzidos pelo Espírito são filhos de Deus e podem, como filhos, chamar a Deus de Pai (*Abbá*, Rm 8,14-15; Gl 4,4-7).

Na ótica de Paulo, a pneumatologia é de capital importância, pois é no Espírito que vem a capacidade de reconhecer Jesus como Filho de Deus e crer e professar o seu Nome (Rm 8,9). Quem é da carne é inimigo de Deus, porque não conhece Jesus e permanece no pecado (cf. 1Jo 2,15-17).

A conclusão do número 1 da *Gaudium et Spes* afirma que a Igreja recebeu essa mensagem da salvação, a qual está intimamente ligada ao gênero humano e sua história. Isso é, de fato, muito importante para a antropologia da salvação, pois a redenção passa pela história. A encarnação e a redenção são fatos históricos, concretos, e é nessa concretude que acontece a transformação do pecado pela graça, da vida que supera a morte e da ressurreição que transforma a natureza humana (Rm 8,18-30). "Sabemos, pois, que a criação inteira geme e sofre as dores de parto até o presente. E não apenas ela, mas nós também, que somos as primícias do Espírito, gememos interiormente, suspirando pela redenção do nosso corpo" (Rm 8,22-23).

A FAMÍLIA HUMANA VIVE EM MEIO ÀS REALIDADES QUE A CIRCUNDAM (*GAUDIUM ET SPES* 2)

Ao afirmar que a sociedade humana deve ser concebida como uma família, *Gaudium et Spes* (GS) exige uma superação dos paradigmas tradicionais das divisões e das segregações raciais, culturais e econômicas. A família cristã não é guiada pelos traços genéticos, da raça ou do parentesco, mas por critérios de comprometimento seguindo a própria definição de Jesus: "Quem colocar em prática a vontade de Deus, esse é meu irmão, minha irmã e minha mãe" (Mc 3,35). Na genealogia de Jesus, Lucas retorna até Adão (Lc 3,38), recuperando o sentido da comunhão de todos os seres humanos como criaturas de Deus, plasmadas do barro (Gn 2,7). As controvérsias e as divisões surgidas por causa da confusão de línguas, culturas e costumes deveriam ser superadas em nome da espiritualidade.[3]

O conceito de família, para indicar a fraternidade dos povos, pode ser aproximado do conceito de corpo na antropologia de Paulo (Rm 12,4-8). GS 2 afirma que o mundo é o teatro da história da humanidade. Nesse teatro, numa espécie de estádio (1Cor 9,24), se estabelecem competições, encenações e desafios. Uns resultam em derrotas, outros em vitórias. Assim, GS 2 faz sua apresentação do ser humano no mundo como estando no "palco da vida", onde se desenrolam cenas diferentes.

No âmbito da Igreja, as derrotas resultam sempre em divisões, combates internos, rupturas entre os seus membros e formação de partidos ou grupos fechados que dividem e fragmentam a unidade (cf. 1Cor 1,10-16; Gl 1,6-9).

Paulo relaciona essa realidade paradoxal com o pecado no universo, que ingressou pela desobediência de Adão (Rm 5,12), de tal forma que a falta de um só atingiu todos os homens (Rm 5,18). A situação de pecado entra no mundo antes da Lei e, quando chega a Lei, essa não consegue reverter a situação. É a Lei do Espírito da vida em Cristo Jesus que consegue libertar o homem da morte, pois a Lei foi enfraquecida pela carne (Rm 8,2-3). O pecado de Adão entra no mundo não

---

[3] Cf. MAZZAROLO, I. *Jesus e a física quântica*, p. 36-43. Nessas páginas trabalhamos a distinção entre religião e espiritualidade. A religião está no âmbito da cultura, das tradições, e pode ser manipulada ou ideologizada. A espiritualidade é o lastro mais profundo, na dimensão do *agápé*, e não pode ser manipulada: ela existe ou não existe. Quando existe, a religião se torna verdadeira, mas, quando ela não existe, a religião se torna uma ideologia.

por vontade de Deus, mas pela condição de liberdade humana. Nessa situação e condicionamentos, a Lei de Moisés não restituiu a graça e não foi capaz de reconciliar a humanidade com o Pai. Por isso, o envio do Filho significou o fim dos preceitos da carne e o começo da vida segundo o Espírito (Rm 8,4).

GS 2 fala das tensões do ser humano de ontem e de hoje, no seu quotidiano. Paulo, na sua longa experiência pastoral, social e política, exorta os cristãos de Roma a não se conformarem com o mundo presente, que vive o hedonismo, a ganância e o pecado, mas pede que transformem a sua mente, convertam o modo de ver e conceber a realidade à luz do Evangelho a fim de discernir corretamente qual a vontade de Deus (Rm 12,1-2). É nessa caminhada de transformação que os cristãos serão capazes de fazer, no seu corpo, o verdadeiro ato de culto, seguindo de perto as pegadas de Jesus, que fez do seu corpo uma diaconia e o preço do resgate (Mc 10,45).

Mesmo estando no mundo, sem ser do mundo (Jo 17,16), é no mundo que o cristão vive a perspectiva da ressurreição. E se por um homem veio a morte (Adão), por um homem veio também a ressurreição, pois Cristo ressuscitou dos mortos (1Cor 15,20-22). A ressurreição de Cristo submeteu a Lei e o pecado, por isso, onde mesmo o pecado abundou, ali a graça se tornou superação e vitória (Rm 5,20). Portanto, assim como ontem, hoje, da mesma forma, a família humana vive essa tensão entre pecado e graça e entre morte e ressurreição.

A SOLIDARIEDADE HUMANA COMO ANTROPOLOGIA DA SALVAÇÃO

"Nos nossos dias, a humanidade, cheia de admiração ante as próprias descobertas e poder, debate, porém, muitas vezes, com angústia, as questões relativas à evolução atual do mundo, ao lugar e missão do homem no universo, ao significado do seu esforço individual e coletivo, enfim, ao último destino das criaturas e do homem" (GS 3).

Na antropologia paulina está clara a consciência de que somos *vasos de barro* nos quais se manifesta o infindável poder de Deus (2Cor 4,7). O ser humano, vivendo nesta tenda terrena, tem seu olhar fito no seu edifício celeste, na habitação definitiva e transcendente. Dessa forma, toda a missão do ser humano é essa busca incessante das exigências próprias da nova morada junto a Deus (2Cor 5,1-10).

Essa escatologia paulina se apresenta, com certeza, sob a influência da ética helenística, na qual o ser humano vive uma tensão dialética entre as esperanças concretas na história e uma realidade mais distante, ou seja, imanência e transcendência. Enquanto está nas vicissitudes da fragilidade da história, volta sua expectativa para uma espiritualização em Deus (KITTEL, 1931, p. 62-62).

Essa escatologia, como fim último, sempre foi apresentada no estoicismo como um evento de felicidade, de recompensa e de plenitude. Tal visão justificava os sacrifícios e as lutas contra o mal nesta vida. Os estoicos acreditavam que o fim último da vida, o *telós*, seria a felicidade. De acordo com Cícero (*De Finibus* 3,26), o *sábio* é sempre feliz porque ele vive e ama o final da vida, e de acordo com esse final ele vive. É natural, afirma Cícero, que o sábio "procure a todo instante a alegria, a felicidade, a perfeição e a vida afortunada, com isto ele ainda vive livre dos obstáculos, se acreditar na harmonia com o cosmos" (VOSTER, 1990, p. 38).

"Os progressos das ciências biológicas, psicológicas e sociais não só ajudam o homem a conhecer-se melhor, mas ainda lhe permitem exercer, por meios técnicos, uma influência direta na vida das sociedades" (GS 5). Nesse campo, o avanço das ciências revela, cada vez mais, a necessidade de uma integração de todos os povos sobre o planeta Terra. O universo, como um todo, funciona da mesma forma que um corpo humano, um organismo vivo. Na física quântica, o conceito de rede celular revela que, quando uma célula está doente, ela afeta todo o corpo, e toda célula doente gera uma tensão ou uma desconexão com o todo. Assim, na física quântica, a medicina e a doença são vistas de modo holístico, e todas as células são tratadas dentro do corpo inteiro, pois a doença pode ser uma manifestação da linguagem da alma (DAHKLE, 1992, p. 18). Dessa forma, diante das manifestações das células ou dos indivíduos em sociedade, faz-se mister o envolvimento do corpo todo. A saúde do corpo depende da saúde de cada uma das suas células e de seus membros.

No campo da teologia, essa consciência unitária é fundamental, pois cada um depende do outro e é responsável pelo bem-estar daquele que lhe é próximo e daquele que lhe está distante. Essa consciência de pertença e de responsabilidade pode ser caracterizada como a virtude da solidariedade. A solidariedade só é possível quando houver essa consciência do todo. O apóstolo Paulo, consciente das tensões, divisões e dificuldades da compreensão da *unidade*, da *identidade* e da *alteridade*, faz um grande esforço para construir uma nova forma mental nas suas comunidades (cf. 1Cor 12,4-30; Rm 12,3-13). Tratava-se de reelaborar a consciência e a compreensão do ser humano em sociedade, não mais pautada nos critérios de cultura, raça ou religião, mas de pensar o conjunto. A unidade não anula a identidade, mas, considerando-a portadora do seu próprio DNA, valoriza a diversidade como integradora do corpo social, familiar ou eclesial (MAZZAROLO, 2013, p. 111).

Nessa dinâmica, GS 3 enfatiza a importância da solidariedade e do amor para com toda a família humana, inserindo-se nos seus problemas à luz do Evangelho, pois a meta é "salvar a pessoa do homem e restaurar a sociedade humana". Nesse contexto, a solidariedade está ligada à *hospitalidade* (Rm 12,13). A hospitalidade (*filoxeinia*) é o amor ao desconhecido, ao estranho, ao que se apresenta como necessitado de improviso e sem aviso prévio. Quem tem uma hospedaria não escolhe os clientes, mas acolhe todos os que se apresentam com necessidade de abrigo e alimentação. Paulo, seguindo os ensinamentos de Jesus, exorta os cristãos de Roma a serem *hospitaleiros* e, nas suas casas, nas assembleias e nas igrejas, a terem o sentimento de abertura e nenhum preconceito com os primeiros visitantes (MAZZAROLO, 2014, p. 147).

Relacionando as preocupações com a *pessoa do homem ou o ser humano* na sua integridade, vemos que Paulo não tinha apenas preocupações espirituais e que a solidariedade não abrange apenas uma faceta do ser humano. O apóstolo tinha uma visão realmente integral do ser humano, do ser na Igreja e do ser na sociedade. Se a realidade deficitária são os valores, ele não tem dúvidas de fazer suas parêneses éticas ou teológicas (cf. 1Cor 1,10-16; 4,14-21; 6,1-8).

Quando as questões estão relacionadas com fome, miséria econômica e falta das coisas básicas para a sobrevivência, Paulo organiza coletas em dinheiro. Ao saber que os irmãos de Jerusalém, por causa das perseguições e outros fatores, estavam em situação de penúria, ele convida os irmãos da Antioquia (At 11,29-30) e os da Acaia e da Macedônia para socorrer os necessitados (1Cor 16,1-9; 2Cor 9,7-15). Essa relação direta entre anúncio do Evangelho e solidariedade econômica já fazia parte dos princípios do Cristianismo, pois, quando as viúvas dos helenistas reclamaram da falta de assistência, os apóstolos designaram os diáconos para ser as mesas dessas mulheres a fim de evitar a contradição entre pregar o bem e não fazer o bem quando ele se torna um imperativo (cf.

At 6,1-7). Os primeiros cristãos estavam conscientes de que as questões de fé tinham uma solução e as questões materiais eram resolvidas com dinheiro. E, da mesma forma que Jesus não exige jejum alimentar (cf. Mc 2,18-28), Paulo, na desastrada viagem para Roma, suplicou aos passageiros do navio em que se encontrava que se alimentassem, quebrando o jejum (At 27,34). Portanto, o Evangelho une de modo intrínseco as questões de fé e as questões concretas da vida humana.

O SENTIDO DA LIBERDADE E AS TENSÕES DA ESCRAVIDÃO

"Nunca o gênero humano teve ao seu dispor tão grande abundância de riquezas, possibilidades e poderio econômico; e, no entanto, uma imensa parte dos habitantes da terra é atormentada pela fome e pela miséria, e inúmeros são ainda os analfabetos. Nunca os homens tiveram um tão vivo sentido da liberdade como hoje, em que surgem novas formas de servidão social e psicológica" (GS 4).

O apóstolo Paulo tem uma sensibilidade singular no tocante à liberdade: "É para a liberdade que Cristo nos libertou. Permanecei firmes e não retorneis ao jugo da escravidão" (Gl 5,1). Na verdade, o "Evangelho de Paulo é o Evangelho da liberdade em face à circuncisão e da Lei Mosaica, bem como de qualquer reducionismo humano".[4] A liberdade não é apenas o lado oposto da escravidão, mas é a grandeza da responsabilidade e da maturidade no assumir os compromissos com a fé, com a verdade e com a justiça.

Gaudium et Spes e Paulo, no tocante à liberdade, seguem a pedagogia de Jesus: "O sábado foi feito para o homem e não o homem para o sábado" (Mc 1,27). Nessa ótica, a Lei também está a serviço do homem e não o homem a serviço da Lei. Todo o retorno à Lei é uma volta ao passado, a um Evangelho que não existe (Gl 1,6-9), e quem faz isso é digno de toda a condenação ou do *anáthema*. Paulo não compreende que alguém, depois que foi alcançado pelo Evangelho (Gl 1,6), tenha a coragem de voltar aos rudimentos antigos, às coisas velhas e a um

---

[4] GONZAGA, W. *A verdade do evangelho e a autoridade da Igreja*, p. 425 – citando diversos autores.

passado esdrúxulo e arcaico (Gl 4,3.9; Cl 2,8).⁵ Essa é uma forma de aprisionamento e escravidão mental, psicológica e social. Paulo sabe bem que os "rudimentos do mundo" (*stoicheía tou kosmou*) geravam escravidão das mais diferentes formas. Para exemplificar de modo muito sintético, essa escravidão, para os judeus, significava a volta à circuncisão e todas as implicações que dela advinham, mas, para os pagãos, significava o retorno à idolatria e mitos que poderiam ser classificados como um fetiche ou enfeitiçamento (Gl 3,1-5).

O Evangelho é incompatível com qualquer forma de submissão, subjugação ou escravidão. Paulo, no momento em que conhece um escravo chamado Onésimo, e este se torna discípulo, imediatamente considera-o irmão, cristão e livre, por isso, ao enviá-lo de volta ao seu antigo possuidor, chamado Filêmon, pede que o receba como livre. Paulo, ao escrever a Filêmon, afirma que poderia usar de sua liberdade de mestre, mas prefere fazer uma solicitação de amor (Fm 8) a fim de que Onésimo, que antes era escravo, de agora em diante seja considerado livre (Fm 17).

A Carta a Filêmon revela o quanto era importante a liberdade para os cristãos da primeira hora. Jesus usou toda a sua autoridade, e seu conhecimento, para demonstrar sua liberdade e autoridade diante das estruturas judaicas do seu tempo, pois, ao fazer a leitura do profeta Isaías (Is 61,1-2) na sinagoga de Nazaré, aplicou para si a profecia e ressaltou que fora ungido pelo *Espírito do Senhor* (Lc 4,18-19). Jesus se autorizou a reinterpretar toda a Lei, os profetas e as tradições de Israel (Mt 5,17ss) e ensinou novas formas de jejum, de ritos e significados. O amor incondicional aos doentes, pobres, mulheres e estrangeiros caracterizou sua autonomia e liberdade diante das estruturas fechadas e excludentes de seu tempo. Enfim, a Lei deve estar a serviço do ser humano, e não este para a Lei.

Na teologia antropológica de Paulo, a Lei veio quatrocentos e trinta anos depois da Promessa e não tem autoridade sobre a Promessa, pois a Lei não tem outra finalidade senão mostrar as transgressões (Gl 3,18-19). Portanto, se a Lei indica um estágio de imaturidade e ausência de fé (Gl 3,23), então ela não serve para libertar, promover e impulsionar para a perfeição (Gl 3,10-14). Nessa dinâmica de libertação, é preciso atentar para as formas de escravidão, e, segundo Paulo, os ritos antigos

---

⁵ A expressão grega *stoicheía* indica rudimentos, coisas velhas, obsoletas e ridículas (Gl 4,3.9; Cl 2,8; Hb 5,12; 2Pd 3,10.12).

são formas de aprisionamento e empecilhos cruciais para a verdadeira liberdade no Espírito e Cristo não servirá para mais nada (Gl 5,2-3).

GS 4 afirma que as mudanças trazem consigo não pequenas dificuldades, e mesmo o processo de libertação traz consigo sintomas de incertezas e, muitas vezes, hesitações no destino a ser impresso depois. Se, por um lado, o ser humano moderno tem uma gama muito aberta de possibilidades de libertação, por outro estão surgindo, mais claros e conscientes que outrora, os caminhos de escravidão social, moral e psicológica. "Ao mesmo tempo que o mundo experimenta intensamente a própria unidade e a interdependência mútua dos seus membros na solidariedade necessária, ei-lo gravemente dilacerado por forças antagônicas; persistem ainda, com efeito, agudos conflitos políticos, sociais, econômicos, raciais e ideológicos, nem está eliminado o perigo de uma guerra que tudo subverta" (GS 4).

Nessa perspectiva, encontramos todo o pensamento teológico, sociológico, antropológico e crístico de Paulo. A libertação é um processo da mente e do coração (Rm 12,1-21) e exige uma ruptura radical e sem negociações com todas as formas de submissão ideológica, política ou religiosa (cf. 1Cor 9,1-27), e as obras da Lei, da cultura, da mitologia, não libertam ninguém (Gl 2,15-21), por isso o cristão deve encontrar sua liberdade verdadeira à luz da fé abraâmica (Gl 3,8) e em Cristo colocar seus parâmetros de vida psicológicos, ideológicos, éticos, políticos e religiosos (Gl 5,1-12).

A TRANSFORMAÇÃO DA MENTE COMO PARÂMETRO DO EVANGELHO

A transformação da mente é o ato anterior à conversão e o mais difícil de todo o processo de mudança. No contexto imediato pós-Vaticano II, as mudanças externas aconteceram, em grande parte, sem o menor conhecimento do espírito do Concílio e sem qualquer implicação com a mudança de mentalidade. GS 7 entendia uma renovação da mente para a transformação do coração, da identidade da própria igreja. Muitos cristãos não entenderam ou não quiseram entender o espírito do Concílio que solicitava uma mudança muito significativa na concepção do ser humano, da sua realidade histórica e da necessidade da verdadeira conversão ao Evangelho.

O apóstolo Paulo tinha muita clareza desse imperativo: "Exorto-vos, portanto, irmãos, pela misericórdia de Deus, a oferecerdes os vossos corpos como oferenda viva, santa e agradável a Deus – esse é o vosso culto espiritual. Não vos conformeis com o mundo presente, mas transformai-vos, renovando a vossa mente, a fim de poderdes discernir qual é a vontade de Deus, o que é bom, agradável e perfeito" (Rm 12,1-2).

A transformação da mente é um paradigma indiscutível para o cristão, pois ele precisa transformar sua forma de relacionamento, seus conceitos, suas atitudes e o projeto de fé. Deixando de lado as coisas arcaicas do mundo presente e não se conformando com suas propostas, o cristão supera os critérios antigos. Em Cristo não há mais judeu e grego, escravo e livre, homem e mulher, cita e bárbaro (cf. Rm 10,12; Gl 3,28; Cl 3,10). O mundo é caracterizado por paradigmas de diferenciação, categorização, desclassificação e exclusão. Por isso o cristão não pode se conformar com essas rupturas e segregações, que, de um lado, criam privilegiados e, do outro, sofridos e rejeitados que se tornam espécie de "lixo humano". Dessa forma, na continuidade da sua parênese, o apóstolo afirma que o amor não contém hipocrisia e não pode haver subterfúgios, ou escamoteamentos, para quem quer amar (Rm 12,9). A *philadelphia* (amor fraternal ou amor aos irmãos) e a *philoxeinía* (hospitalidade ou amor aos desconhecidos) andam sempre juntas e sem impor condições. Essa parênese segue muito de perto os ensinamentos de Jesus, que, após o Sermão da Montanha, pede aos seus discípulos que amem de modo incondicional a todos, especialmente os inimigos (Lc 6,27-35). Na mesma linha de reflexão, o apóstolo exorta os cristãos de Roma a um amor solidário e incondicional: "Abençoai os que vos perseguem; abençoai e não amaldiçoeis. Alegrai-vos com os que se alegram e chorai com os que choram. Tende todos a mesma estima uns pelos outros, sem pretensões de grandeza, mas sentindo-vos solidários com os mais humildes, não tenhais intensões de sábios. A ninguém pagueis o mal com o mal" (Rm 12,14-17).

O amor, na visão de Paulo, é uma forma de ação e de comportamento que não bajula, não tripudia e não prejudica a relação com o conhecido e também com o desconhecido. Para permitir a *encarnação do amor*, é mister que aconteça essa transformação da mente e do coração, pois o amor é concebido na mente, mas é materializado nos gestos do corpo, e aqui está o cumprimento da Lei (Rm 13,8).

UNIDADE, ALTERIDADE E IDENTIDADE

GS 29-31 faz um belo tratado sobre a situação do ser humano no mundo visando à minimização dos conflitos oriundos das condições intrínsecas do próprio ser humano, sua origem e suas circunstâncias. O documento salienta que "os homens não são iguais quanto à capacidade física e forças intelectuais e morais variadas e diferentes em cada um. Mas deve superar-se e eliminar-se como contrária à vontade de Deus qualquer forma social ou cultural de discriminação, quantos aos direitos fundamentais da pessoa, por razão do sexo, raça, cor, condição social, língua ou religião" (GS 29).

A ética helenística tinha muitos princípios coletivos, mas nas questões morais eram respeitados os critérios individuais, de tal forma que, ao escrever aos Coríntios, Paulo deixa claro que esse princípio, "tudo me é permitido" (1Cor 6,12), podia levar à escravidão, ao contrário de ser uma forma de liberdade. Essa ética individualista é condenada pelo próprio documento, pois muitos creem que, ao não terem limites, estão livres (GS 30).

Nessa dinâmica, a antropologia do apóstolo é muito clara: "Há uma diversidade de dons, mas o Espírito é o mesmo; há uma diversidade de ministérios, mas o Senhor é o mesmo; há uma diversidade de modos de ação, mas é o mesmo Deus que opera tudo em todos" (1Cor 12,4). Na sequência dessa parênese, Paulo explicita a integração de todos os membros da comunidade num só e mesmo princípio: Jesus Cristo (1Cor 12,12-30). Nessa metáfora do corpo, a cabeça é única, Jesus Cristo, e os membros são diversos em condição, lugar, função e características, mas nenhum deles vai existir separado do corpo. Enquanto cada membro possui a sua identidade, ele também integra a diversidade (a orelha é diferente do pé), e ele só tem sentido na unidade (quando o ouvido escuta uma voz, ele a transmite ao cérebro – cabeça –, e essa dá ordens para o pé).

Na física quântica essa metáfora é interpretada com o conceito de *rede cósmica*. Nos postulados da física quântica, o universo é orgânico, vivo e interdependente, e liga todos os seres de forma de rede celular.[6] Nessa compreensão do cosmos está clara a interdependência de todas as células e de todos os corpos no universo. Cada célula tem sua identidade (DNA), e cada corpo tem sua alteridade, pois não há dois corpos

---

[6] MAZZAROLO, I. *Jesus e a física quântica*, p. 66-68.

iguais; no entanto, a *unidade* depende da integração de todos os corpos e de todas as células do universo. E, quando uma célula está doente, toda a unidade cósmica sofre.

Na pedagogia cósmica de Jesus, são os doentes que precisam de médico (Lc 5,31); na antropologia de Paulo, são os fracos que precisam dos primeiros socorros sem discussões e sem questionamentos (Rm 14,1).

CONCLUSÃO

Muitos são os textos de relação entre a *Gaudium et Spes* e a teologia e a antropologia de Paulo. Escolhemos alguns, sem qualquer pretensão de primazia ou prioridade, mas apenas com o intuito de realçar a importância dos elementos antropológicos que sustentam a *Gaudium et Spes* e a visão do ser humano do Apóstolo dos Gentios.

Gaudium et Spes é um documento de viva percepção do ser humano no universo, suas transformações e seus perigos. Se, por um lado, o ser humano inventa, cria e descobre, por outro as formas de submissão, escravidão e dominação são mais refinadas, mais sutis e mais perversas.

A Igreja tem a missão de auscultar, decodificar e anunciar aos homens e mulheres do seu tempo as formas mais viáveis para a construção da justiça, da paz e do amor, mas tem o dever de descortinar as formas sutis com as quais o ser humano pode ser manipulado e escravizado. À luz da pedagogia libertadora de Jesus e da teo-filosofia cristã de Paulo, cabe aos evangelizadores de hoje a difícil tarefa de conhecer os mecanismos de dominação e apresentar, em nome do Evangelho, as propostas da identidade, da alteridade, na unidade em Cristo Jesus.

BIBLIOGRAFIA

DAHKLE, T. D. R. *A doença como linguagem da alma;* os sintomas como oportunidades de desenvolvimento. São Paulo: Cultrix, 1992.

DUNN, J. D. G. *A teologia do apóstolo Paulo.* São Paulo: Paulus, 2003.

FEE, Gordon D. *The First Epistle to the Corinthians.* Michigan: W. B. Eerdmans Publishing Company, 1987.

GAUDIUM ET SPES. Constituição pastoral do Concílio Vaticano II sobre a Igreja no mundo de hoje. 17. ed. São Paulo: Paulinas, 2011 (2. reimpr. 2013).

GONZAGA, W. *A verdade do evangelho e a autoridade da Igreja, Gl 2,5.14.* Santo André: Academia Cristã, 2014.

KITTEL, G. *Die Religionsgeschichte und das Urchristentum.* Tübingen: Verlag, 1931.

MacARTHUR, J. Philippians. *The MacArthur New Testament Commentary.* Chicago: Moody Press, 2001.

MAZZAROLO, I. *Carta de Paulo aos Romanos;* educar para a maturidade e o amor. 2. ed. Rio de Janeiro: Mazzarolo editor, 2014.

_____. *Jesus e a física quântica.* 2. ed. Rio de Janeiro: Mazzarolo editor, 2013.

_____. *O Apocalipse;* esoterismo, profecia ou resistência? 3. ed. Rio de Janeiro: Mazzarolo editor, 2010.

_____. *O apóstolo Paulo, o grego, o judeu e o cristão.* 2. ed. Rio de Janeiro, Mazzarolo editor, 2011.

MOO, Douglas, J. *The Epistle to the Romans.* Michigan: W. B. Eerdmans Publishing Company, 1996.

RIESNER, Reiner. *Paul's Early Period.* Michigan: W. B. Eerdmans Publishing Company, 1998.

SAMPLEY, J. Paul (org.). *Paulo no mundo greco-romano;* um compêndio. São Paulo: Paulus, 2008.

VOSTER, W. S. Stoics and Early Christians on Blessedness. In: *Greeks, Romans and Christians.* Minneapolis: Fortress Press, 1990. p. 38-51.

PARTE SISTEMÁTICO--PASTORAL

O MISTÉRIO PASCAL À LUZ DA *GAUDIUM ET SPES* 22

Luiz Fernando Ribeiro Santana

INTRODUÇÃO

A constituição pastoral do Concílio Vaticano II sobre a Igreja no mundo de hoje, *Gaudium et Spes* (GS) – promulgada no dia 7 de dezembro de 1965 –, foi o último documento aprovado pelo Concílio Vaticano II. Nela, a maturidade da visão eclesial do Concílio parece atingir o seu clímax. Já se afirmou até mesmo que o seu texto é como que uma "janela aberta da Igreja para o mundo".[1]

O Papa Paulo VI, após um longo e intenso trajeto percorrido desde o início da convocação do Concílio Vaticano II – que se concluiu com a promulgação da *Gaudium et Spes*, – declarou, em sua homilia, por ocasião da IX Sessão pública conclusiva do Concílio (8 de dezembro de 1965), que o Vaticano II estava vivamente interessado em conhecer o mundo moderno, e que a Igreja sentia a necessidade de conhecer, servir e evangelizar a sociedade atual em suas contínuas mudanças.[2]

Conforme se sabe, uma das principais preocupações do Papa João XXIII, ao convocar o Concílio Vaticano II, foi aquela de nele imprimir um timbre essencialmente pastoral e ecumênico.[3] Talvez por isso mes-

---

[1] A expressão é do Cardeal Dionigi Tettamanzi. Disponível em: < http://www.dehoniane.it:9080/komodo/trunk/webapp/web/files/riviste/archivio/02/200601025a.htm >. Acesso em: 15 fev. 2015.

[2] Idem, ibidem.

[3] BARROS, M. Uma nova primavera para a Igreja. *Perspectiva Teológica* 35 (2003) 40: "A ideia de um novo Concílio nasceu em muitas pessoas, em momentos diferentes e em diversos lugares. Já na década de [19]30, o pastor Dietrich Bonhoeffer propunha um Concílio que reunisse as Igrejas cristãs a serviço da Paz. Há estudiosos que garantem: esta teria sido a ideia inicial do Papa João XXIII, quando, no culto ecumênico de

mo é que esse santo de Deus nem sempre foi compreendido em sua inspiração e proposta para a Igreja de nossos dias. "Perito em humanidade" e um homem de profunda sensibilidade eclesial, João XXIII, atento às urgentes necessidades do homem contemporâneo e aberto ao diálogo com os diversos credos e expressões culturais, desejava que a Igreja fosse capaz de transmitir a todos os homens o Evangelho. Podemos dizer que a mais genuína inspiração de seu projeto, ao convocar o Concílio, encontra a sua realização e eco na *Gaudium et Spes*. Não sem razão esse documento nasce de uma cuidadosa elaboração gestada por especialistas na doutrina da fé e por pastores preocupados em oferecer ao mundo – imerso, como nunca, em tantos dramas e inquietações – uma proposta evangélica que pudesse iluminá-lo e nele suscitar uma renovada esperança.

O intento da nossa exposição é uma abordagem do mistério do homem à luz do *homem novo*, o Cristo Pascal. E procuraremos fazê-lo a partir de um tema específico: o Mistério Pascal, contido no parágrafo 22 da *Gaudium et Spes*. É a partir dessa ótica pascal que "Cristo manifesta plenamente o homem ao próprio homem e lhe descobre a sua altíssima vocação", afirma o documento.

Sendo o tema do "Mistério Pascal" o fundamento de nossa abordagem, necessário se faz verificar quando e onde essa expressão aparece pela primeira vez na teologia do Concílio Vaticano II – e é precisamente na constituição litúrgica *Sacrosanctum Concilium* (SC). A categoria "Mistério Pascal" se apresenta como a base da teologia desse documento. A partir dele, o primeiro publicado pelo Concílio, todos os outros posteriormente promulgados serão, direta ou indiretamente, afetados pela teologia pascal. Por essa razão, a primeira parte da nossa exposição versará sobre o "Mistério Pascal" na constituição litúrgica *Sacrosanctum Concilium*.

Nossa apresentação deseja ser uma homenagem à celebração jubilar áurea da promulgação da constituição pastoral do Concílio Vaticano II sobre a Igreja no mundo de hoje *Gaudium et Spes*. Ela se apresenta como o desfecho, em chave de ouro, do Concílio que marcou definitivamente a história da Igreja e do mundo. Ela continua sendo fonte de alegria e esperança para os cristãos e todos os homens de boa vontade.

---

encerramento da Semana de Orações pela Unidade dos Cristãos, em 25 de janeiro de 1959, ele disse ter sido inspirado pelo Espírito de Deus".

A *SACROSANCTUM CONCILIUM* E A TEOLOGIA DO MISTÉRIO PASCAL

A categoria "Mistério Pascal" é, sem dúvida, um dos mais significativos resgates realizados pela teologia do Concílio Vaticano II. Preparado longamente pelo Movimento Litúrgico da primeira metade do século XX (cf. BOTTE, 1978, p. 21-30), o Concílio foi capaz de maturar e traduzir para a Igreja de nossos dias a riqueza bíblico-teológica contida na expressão "Mistério Pascal".

Com efeito, o maciço e profundo trabalho realizado pelo Movimento Litúrgico capacitou os padres conciliares a produzir uma teologia marcada indelevelmente pela categoria "Mistério Pascal", de tal sorte que grande parte dos textos emanados das assembleias conciliares, direta ou indiretamente, carregasse em si o aroma dessa novidade redescoberta pelo Concílio (ENOUT, 1964, p. 169-202).

A reflexão teológica está, até agora, avaliando o alcance dessa empreitada conciliar – referimo-nos ao resgate histórico das categorias "mistério" e seus derivados, mormente "Mistério Pascal". Essas categorias ficaram sepultadas sob os escombros de uma história milenar, permanecendo bastante ausentes do pensar teológico, da doutrina e da catequese cristã por quase um milênio – o que equivale a dizer que estamos assistindo a um verdadeiro "giro copernicano" realizado pelo Concílio Vaticano II.

Como uma fera que não tinha outro desejo e escopo senão o de capturar a sua presa, o Concílio conseguiu, finalmente, trazer ao palco cênico da teologia e da Igreja a categoria "Mistério Pascal". A partir disso ele passa a reler a história da salvação, o mistério da Trindade, a cristologia, a eclesiologia, a liturgia, o *éthos* cristão e humano e a esperança escatológica.

É justo afirmar que a "teologia do mistério" passa a permear os documentos conciliares, mormente as suas quatro constituições. O "mistério da Igreja" é a porta de entrada da constituição dogmática *Lumen Gentium* (capítulo I).[4] Na constituição dogmática *Dei Verbum*, a teologia do "mistério" se mostra vinculada ao conceito de Revelação.[5] Na constituição pastoral *Gaudium et Spes* – objeto do nosso interesse – o "mistério" é

---

[4] A expressão "Mistério Pascal" não se encontra no texto da *Lumen Gentium*. Contudo, ali aparece por vinte e três vezes o termo "mistério". Cf. ALMEIDA, A. J. *"Lumen Gentium". A transição necessária.* São Paulo: Paulus, 2005. p. 73-78.

[5] O temo "mistério" aparece cinco vezes na *Dei Verbum*.

lido a partir de uma vertente intencionalmente antropológica, sociológica e cultural.⁶ A constituição litúrgica *Sacrosanctum Concilium* – primeira promulgada pelo Concílio – é a porta que se abre para receber com comoção e gratidão a categoria "mistério", que, nela, se decompõe no colorido de sua riqueza, conservando, porém, o seu núcleo gerativo e vital: "Mistério Pascal". A plenitude da Revelação, entregue por Deus aos homens, por meio de Cristo, pode, enfim, ser celebrada, pois, afinal, tornou-se "liturgia".⁷

Pelo exposto em forma de panorâmica, somos levados a perscrutar a intenção de fundo da teologia conciliar no tocante às suas grandes constituições – balizas fundamentais para todos os demais escritos: a proposta de uma teologia mistérica e mistagógica. À Igreja, Corpo místico e mistério de Cristo (*mystérion* único de Deus), foi entregue o mistério da Palavra eterna. Essa Palavra lhe foi confiada para que fosse perenemente celebrada no mistério do culto, ali onde o dom das Sagradas Escrituras se torna Palavra viva e atual (DV 24; SC 24, 33, 51). Toda essa dinâmica se finaliza ao testemunho concreto e cotidiano que a Igreja é chamada a dar aos homens, com suas alegrias, esperanças, tristezas e angústias. "Porque a sua comunidade [dos discípulos de Cristo] é formada por homens, que, reunidos em Cristo, são guiados pelo Espírito Santo na sua peregrinação em demanda do reino do Pai, e receberam a mensagem da salvação para a comunicar a todos" (MORALEJO GONZÁLEZ, 1968, p. 345-346).

Em meio a esse riquíssimo poliedro multicromático, gerado pelas quatro constituições do Concílio, é de nosso interesse focalizar, a partir de agora, a constituição litúrgica no tocante ao tema "Mistério Pascal" – um documento que traz em si uma incisão essencialmente mistérica e mistagógica.

O retorno ao cenário teológico de termos como "mistério", "Mistério Pascal", "mistério de Cristo", "mistério da Igreja" – fruto das pesquisas bíblico-patrísticas encetadas pelo Movimento Litúrgico –, foi se insinuando gradativamente na reflexão cristã e nos escritos do Magistério

---

6   "Mistério" aparece dezenove vezes na *Gaudium et Spes*. Dentre elas, por três vezes, encontramos a expressão "Mistério Pascal" (n. 22 [duas vezes]; n. 38).

7   O termo "mistério" aparece vinte e três vezes no texto da *Sacrosanctum Concilium*. Dentre essas ocorrências, sete estão na expressão "Mistério Pascal" (n. 5; n. 6 [duas vezes]; n. 104; n. 106 e n. 107).

eclesial. Ainda timidamente, "mistério" começa a dar o sinal da graça na encíclica *Mediator Dei*, de Pio XII, apenas para citar um exemplo.[8]

Efetivamente, é com a constituição litúrgica que a "teologia mistérica" ganha, enfim, plena cidadania na reflexão teológica, na catequese e na pastoral da Igreja de nossos dias. E isso após um longo inverno de quase um milênio de total ausência. A *Sacrosanctum Concilium* é, certamente, o ponto de chegada das cinco décadas do Movimento Litúrgico, ao qual cabe o mérito de resgatar o conceito de *mystérion*. Impossível não recordar aqui o labor incansável do grande "teólogo do mistério" Odo Casel e de tantos outros estudiosos e pesquisadores do tema (FLORES, 2006, p. 159-204). Finalmente, fomos reconectados às fontes bíblico-patrísticas. O conceito de mistério recupera seu vigor original.

"Mistério Pascal" se apresenta como a base da reflexão teológica proposta pela *Sacrosanctum Concilium*. Não se pode compreender o que seja a natureza da liturgia – objeto da primeira parte do primeiro capítulo desse documento – sem a profunda percepção do que venha significar essa categoria. De fato, o ponto de partida do conceito teológico-bíblico de liturgia, no Vaticano II, é a revelação divina como mistério de salvação. O mistério escondido em Deus, desde toda a eternidade e comunicado aos homens ao longo da primeira Aliança, "muitas vezes e de modos diversos" (Hb 1,1), agora é plenamente revelado pelo Verbo encarnado. Trata-se da obra da salvação prenunciada por Deus e realizada por Cristo, através de seu Mistério Pascal. "É o Mistério Pascal de sua sagrada paixão, ressurreição dos mortos e gloriosa ascensão. Por este mistério, Cristo, morrendo, destruiu a nossa morte e, ressuscitando, recuperou a nossa vida. Pois do lado de Cristo dormindo na cruz nasceu o admirável sacramento de toda a Igreja" (SC 5). Do mistério de Cristo ao mistério da Igreja: eis o arco construído pela teologia conciliar no que diz respeito à missão primeira do Salvador e ao ser da Igreja na sua missão fundamental.

É interesse da constituição litúrgica mostrar que o mistério da liturgia brota do Mistério Pascal de Jesus Cristo; e o documento faz isso numa perspectiva essencialmente econômico-salvífica. Voltando a usar

---

[8] A encíclica *Mediator Dei* dedicou-se ao tema da liturgia. Certamente foi um dos documentos mais importantes na esfera da liturgia após a reforma tridentina. O termo "mistério" nela aparece na composição de expressões, tais como: "mistério do corpo místico" (n. 25); "a celebração dos divinos mistérios" (n. 42); "o mistério da santíssima Eucaristia" (n. 59); "o mistério da morte do Senhor" e "participarem dos sagrados mistérios" (n. 90); "o ciclo dos mistérios recordados ao longo do ano" (n. 91).

a expressão "Mistério Pascal", o Concílio tem consciência de estar em continuidade com o método da revelação bíblica e a Tradição dos Padres da Igreja – onde essa expressão estava intrinsecamente vinculada ao acontecimento histórico-salvífico e à práxis litúrgico-celebrativa.

O "admirável sacramento de toda a Igreja", nascido do "lado de Cristo dormindo na cruz", se manifesta na *historia salutis* como um evento de natureza mistérica, tendo como vocação primeira ser continuidade do Cristo-Mistério até a consumação dos tempos. Como primeiro fruto do Mistério Pascal, a Igreja se apresenta ao mundo como o novo Povo de Deus, herdeiro da nova aliança e destinado ao novo culto – o culto pascal.

O Mistério Pascal, por conseguinte, se constitui como o núcleo da Igreja e dos "mistérios" que ela celebra em cada ato litúrgico. Celebrando na condição de um "corpo mistérico", a Igreja se percebe em plena continuidade com as *mirabilia* realizadas por Deus ao longo da primeira Aliança, as quais se cumprem plenamente na páscoa de Cristo. Isso confere a cada ação litúrgica celebrada pela Igreja um cunho teológico. Consequentemente, "é preciso considerar o Mistério Pascal como a chave teológica da compreensão de Cristo e da liturgia" (MALDONADO; FERNANDÉZ, 1990, p. 245).

A expressão "Mistério Pascal", conforme anteriormente assinalado, aparece sete vezes na constituição litúrgica *Sacrosanctum Concilium*. Essas menções praticamente se concentram em três grandes temas que norteiam a constituição: a natureza da liturgia, a celebração dos sacramentos e o ciclo do Ano Litúrgico. Façamos um breve exame dessas ocorrências.

No quinto parágrafo da *Sacrosanctum Concilium* – solene abertura da temática da natureza da liturgia –, o Mistério Pascal aparece como o ponto de chegada e clímax de todas as "maravilhas divinas operadas no povo do Antigo Testamento". Deus, sábio pedagogo, propôs aos homens uma revelação gradual. O dom da salvação foi se processando progressivamente ao longo da primeira Aliança através de uma série de pessoas, eventos, instituições, realidades e sinais que antecipavam e prefiguravam a plenitude que seria alcançada em Cristo.

O Mistério Pascal tem, nesse parágrafo, uma forte concentração cristológica. O que nele se enfatiza é a obra pascal realizada em Cristo e, por ele, em sua Igreja. Os eventos cristológicos aqui mencionados são a paixão, a ressurreição dos mortos e a gloriosa ascensão de Jesus. Ficou implícita a menção do evento de Pentecostes, sem o qual não poderíamos conceber o nascimento do "admirável sacramento de toda a Igreja" – a manifestação da Igreja, em Pentecostes, é o primeiro fruto do Mistério Pascal (cf. MARSILI, 1987, p. 116-122).

Por duas vezes "Mistério Pascal" é mencionado no sexto parágrafo da constituição litúrgica. Nos dois casos a expressão se refere aos sacramentos do Batismo e da Eucaristia, respectivamente.

"Assim, pelo Batismo os homens são inseridos no Mistério Pascal de Cristo, com ele mortos, com ele sepultados, com ele ressuscitados; recebem o espírito de adoção de filhos, 'pelo qual clamamos: *Abba*, Pai' (Rm 8,15), e destarte são feitos verdadeiros adoradores, que o Pai reclama" (SC 6). O Batismo é aqui apresentado como inserção e participação dos homens no Mistério Pascal de Cristo. E essa apresentação recebe como fundamento a teologia cristológico-pneumática de Paulo. Segundo o apóstolo, somente no Espírito Santo é que se pode tomar parte em cada fase da páscoa de Cristo; somente nele alguém se torna capaz de chamar o Pai de Jesus de "meu Pai"!

O Mistério Pascal é o núcleo gerador e fundamento da Igreja. O Batismo, por sua vez, se torna sacramento desse fundamento, bem com fundamento da existência cristã. Segundo a fé da Igreja primitiva, o Batismo "constitui o cumprimento das promessas escatológicas dos profetas e a continuação das grandes "maravilhas da salvação" realizadas por Deus ao longo da história: um evento de graça em condições de desdobrar o Mistério Pascal de Cristo na Igreja e na existência de cada crente, construindo, assim, o "novo Israel" de Deus no mundo" (ROCCHETTA, 1991, p. 233-234).

> Da mesma forma, toda vez que comem a ceia do Senhor, anunciam-lhe a morte até que venha. Por este motivo, no próprio dia de Pentecostes, no qual a Igreja irrompeu no mundo, os que receberam a palavra de Pedro "foram batizados". E "perseveravam na doutrina dos apóstolos, na comunhão da fração do pão e nas orações, louvando a Deus e cativando a simpatia de todo o povo" (At 2,41-47). Nunca, depois disto, a Igreja deixou de reunir-se para celebrar o Mistério Pascal (SC 6).

Assim é que a nossa constituição introduz o tema do Mistério Pascal no que concerne à celebração do sacramento da Eucaristia. Importante se destacar aqui a ênfase dada pelo documento acerca da relação "Eucaristia e reunião" (cf. MARSILI, 1964, p. 379-404). Logo depois de recordar a práxis cultual da Igreja nascente – perseverança na doutrina dos apóstolos, comunhão da fração do pão e nas orações e louvor a Deus –, a *Sacrosanctum Concilium* sublinha que, após o evento de Pentecostes, a comunidade cristã nunca mais "deixou de reunir-se para celebrar o Mistério Pascal". Mistério Pascal, assembleia litúrgica e Eucaristia formam, segundo a mais primitiva concepção da Igreja, um trinômio indissociável – fato indiscutivelmente matizado pela teologia conciliar.

O Concílio Vaticano II afirmou que as celebrações litúrgicas são assembleias e eclesiais; são "ações de todo o corpo da Igreja, que lhe dizem respeito e o manifestam" (SC 26). De forma privilegiada, é à celebração da Eucaristia que essa verdade se aplica, uma vez que nela se verifica aquilo que é dito na constituição *Lumen Gentium*: a Igreja se identifica na comunidade dos fiéis "unida pela unidade do Pai, do Filho e do Espírito Santo" (n. 4). Sempre que se reúne para celebrar a liturgia, a Igreja se mostra como sujeito "integral" dos atos litúrgicos.

Podemos dizer que tal modo de ver a Igreja é parte integrante da eclesiologia litúrgica do Vaticano II. "Por isso, a liturgia dos Sacramentos e Sacramentais consegue para os fiéis bem-dispostos que os acontecimentos da vida sejam santificados pela graça divina que do Mistério Pascal da paixão, morte e ressurreição de Cristo, do qual todos os Sacramentos e Sacramentais adquirem sua eficácia" (SC 61).

A graça que opera em todos os sacramentos é oriunda do Mistério Pascal. Trata-se, em última análise, do dom do Espírito que é comunicado em cada sacramento. Desde a efusão pneumática de Pentecostes, o Espírito não cessa de fazer com que os novos membros do Corpo de Cristo nasçam e cresçam, dia após dia. Esse dinamismo comprova a vitalidade da Igreja e a eficácia da graça de Deus que nela opera.

Tendo examinado a ocorrência do Mistério Pascal no tocante à natureza da liturgia e dos sacramentos e sacramentais celebrados pela Igreja, resta-nos considerar, por fim, as outras ocorrências da expressão na constituição litúrgica. Por três vezes encontramos "Mistério Pascal" no nosso documento, ao serem abordados três temas específicos e relacionados entre si: a celebração da memória dos mártires, o Domingo e o Ano Litúrgico (SC 104,106,107).[9]

"Devido à tradição apostólica que tem sua origem do dia mesmo da Ressurreição de Cristo, a Igreja celebra cada oitavo dia o Mistério Pascal. Esse dia chama-se justamente dia do Senhor ou Domingo." Mistério Pascal e Domingo confrontam-se nesse parágrafo do nosso texto.

---

[9] A esse respeito, é oportuno consultar: VISENTIN, P. Celebrazione del Mistero di Cristo e celebrazione dei santi nell'Ano Liturgico. *Il Santo* 16 (2), p. 463-473. Citado em: Id. *Culmen et Fons*. Padova: Edizioni Messaggero di Padova, 1995. vol. I, p. 359-370. BIANCHI, E. *Giorno del Signore. Giorno dell'uomo*. Torino: Piemme, 1999. MOLINERO, A. C. *La domenica. Dies Domini. Celebrazione del mistero di Cristo*. Napoli: Grafite, 1998.

São colocados um diante do outro porque se iluminam e se explicam mutuamente. A relação vital desse binômio é tão decisiva que se coloca como ponto de intercessão entre os dois outros temas elencados no quinto capítulo da constituição, e que ora tratamos – a memória dos mártires e o Ano Litúrgico como centro do mistério cristão. Mas não só. Essa relação pode ser considerada como a chave hermenêutica para a justa compreensão da teologia mistérico-pascal da *Sacrosanctum Concilium* (cf. MÜLLER, 1964, p. 355-378). Mais ainda, temos aqui uma valiosa chave interpretativa para entender a ousada afirmação contida na *Gaudium et Spes* 22 – "O Espírito Santo a todos dá a possibilidade de se associarem a este Mistério Pascal por um modo só de Deus conhecido" –, o que, em seguida, veremos.

Os autores do Novo Testamento, revisitando a vida de Jesus de Nazaré, reconhecem-na ao mesmo tempo "pascalizada" e "pascalizante": "pascalizada", ao apresentá-la a partir de sua Páscoa; "pascalizante", como fonte do Espírito Santo, o agente que faz com que os homens sejam cristãos na medida em que participam da Páscoa de Cristo.

À luz dos parágrafos que estamos considerando, em particular do 106, a existência de Jesus e sua obra salvífica podem ser relidas como o "hoje" da salvação destinada aos homens de todos os tempos: "Hoje realizou-se esta Escritura que acabastes de ouvir" (Lc 4,21). Sempre que celebrado, este "hoje" torna-se uma fonte perene de salvação e transfiguração da existência humana, da história e do cosmos. Com efeito, trata-se, de modo particular, da "celebração do Dia do Senhor", o autêntico "hoje dominical". A causa eficiente disso nos vem do *Pneûma*, timidamente explicitado no documento. Ele é fruto do Mistério Pascal e aquele que torna atual e operante a obra pascal de Cristo na vida da Igreja, por meio do mistério do Ano Litúrgico em seus diversos momentos celebrativos. Ele faz com que nos tornemos "contemporâneos" da "hora" de Jesus e, assim, entremos em *syn-tonia* com o "eterno hoje" de Deus. A participação plena na comunhão com o Deus tri-uno aqui se antecipa em seu máximo grau.

O MISTÉRIO PASCAL SEGUNDO A ÓTICA DA *GAUDIUM ET SPES*

Na primeira parte da *Gaudium et Spes* (destinada a tratar da missão essencial da Igreja: o anúncio do Evangelho a todas as criaturas), o primeiro capítulo preocupa-se em enfatizar o tema da dignidade do homem. Nele o Concílio elabora, com clareza e capacidade sintética, uma rica antropologia teológica. Certamente este é um capítulo de fundamental importância no *corpus* da constituição pastoral, cujo escopo é tratar da missão específica que a Igreja recebeu de Deus: anunciar e revelar, à luz da Boa-Nova inaugurada por Jesus, o valor único da dignidade de cada pessoa humana.

Embora o alvo da nossa abordagem seja o tema específico do Mistério Pascal, encravado no parágrafo 22 da constituição, não se pode ignorar outras questões intencionadas pela teologia do documento e relacionadas ao nosso tema, a saber: a condição ontológica do homem como imagem e semelhança de Deus, a realidade do pecado, a dignidade da inteligência e da consciência moral que cada ser humano traz consigo, o dom da liberdade confiado por Deus a cada homem e mulher, o dramático mistério da morte, o contundente e desafiante problema do ateísmo.

A *Gaudium et Spes* demonstra uma profunda sensibilidade a essas questões, que afetam diretamente a humanidade de nossa época (cf. SÁNCHEZ AIZCORBE, 1968, p. 471-473). Tal sensibilidade, nela, se verifica de forma clara e se traduz numa linguagem fortemente pastoral, inspirada na revelação bíblica e na profunda inserção da Igreja nos dramas e desafios do mundo atual (cf. MARIA PIRES, 2014, p. 15-29). Não sem razão, a *Gaudium et Spes* foi um documento longa e cuidadosamente elaborado. Considerada em seu conjunto, a constituição pastoral se apresenta como fruto de uma dolorosa e fecunda gestação, podendo até mesmo ser considerada, segundo alguns autores, como ponto culminante da trajetória dos três anos das seções conciliares.

É chegado o momento de abordar mais diretamente a nossa proposta: o tema do Mistério Pascal na *Gaudium et Spes*. E o faremos tomando como paradigma e fonte inspiradora a seguinte afirmação contida no documento: "Com efeito, já que por todos morreu Cristo, e que a vocação última de todos os homens é realmente uma só, a saber, a divina, devemos admitir que o Espírito Santo a todos dá a possibilidade de se associarem a este Mistério Pascal por um modo só de Deus conhecido" (GS 22).

Ao mostrar que todas as realidades existentes no mundo devem estar a serviço do homem, como seu centro e termo – e nesse aspecto tanto os crentes como os não crentes estão de acordo –, a *Gaudium et Spes* corrobora a verdade bíblica de que o homem foi criado "à imagem de Deus"; como tal, ele é potencialmente capaz de conhecer e amar o seu Criador, seus semelhantes e as demais criaturas, em tudo isso exercendo a sua dupla vocação: servir a toda a criação e glorificar a Deus.

Na esteira da Revelação, a constituição pastoral assinala que o homem não correspondeu ao seu chamado, uma vez que abusou da liberdade que lhe fora confiada como dom. Levanta-se contra Deus e passa a procurar a sua realização sem ele. A partir de então, o homem, olhando para dentro do próprio coração, se vê inclinado ao mal e mergulhado numa cadeia de males. Incapaz de reconhecer Deus como princípio de sua felicidade, percebe-se perturbado e desorientado também em relação ao fim último. Tal desorientação passa a se refletir em suas relações e naquilo que faz – em tudo deixa impressa a marca de sua dilaceração. "O homem encontra-se, pois, dividido em si mesmo. E, assim, toda a vida humana, quer singular, quer coletiva, apresenta-se como uma luta dramática entre o bem e o mal, entre a luz e as trevas" (GS 13).

A criação da pessoa humana à imagem de Deus, aqui apresentada na sua dramática e conflitiva liberdade, uma vez que ela se encontra diante de um dilema existencial e decisivo: alcançar ou não a plenitude de sua condição de imagem de Deus. Em face disso, o documento afirma que "o homem se descobre incapaz de repelir por si mesmo as arremetidas do inimigo: cada um sente-se como que preso com cadeias. Mas o Senhor em pessoa veio para libertar e fortalecer o homem, renovando-o interiormente e lançando fora o príncipe deste mundo que o mantinha na servidão do pecado. Porque o pecado diminui o homem, impedindo-o de atingir a sua plena realização" (GS 13. Cf. GUIX FERRERES, 1968, p. 307-308).

"Na realidade, o mistério do homem só no mistério do Verbo encarnado se esclarece verdadeiramente" é a declaração lapidar que descortina o parágrafo 22 da *Gaudium et Spes*, foco do nosso interesse. Como que num encontro de dois "mistérios" – na verdade, sem se confundirem, o mistério do homem e do Verbo encarnado se fundem num só projeto de criação e salvação –, o homem é posto, aqui, diante do mistério da

Palavra eterna feita carne, *locus*[10] definitivo do pleno cumprimento do desígnio de Deus em relação ao homem.

A partir dessa solene abertura, a constituição passa a falar de Cristo como o *homem novo*. Sem pretender expor uma doutrina cristológica exaustiva sobre o Verbo encarnado, o texto deseja apenas enfatizar o mistério de Cristo em sua missão precípua e fundamental de iluminar o mistério do homem. Numa espécie de jogo luminoso, encontramo-nos diante de uma "antropoteologia" iluminativa: somente a partir da "luz tabórica" do Cristo-luz o homem é capaz de ser, na luz – "Em vós está a fonte da vida, e em vossa luz contemplamos a luz" (Sl 35,10).[11]

Ao expor sua cristologia, a *Gaudium et Spes* se serve de uma exegese bíblica bastante afinada com a teologia dos Padres da Igreja: o método tipológico. Com referências neotestamentárias, particularmente extraídas do epistolário paulino, o documento percorre uma sugestiva *lectio*, na qual se evidenciam as linhas principais do projeto soteriológico que, desde sempre, Deus reserva ao homem. O dado cristológico desse projeto fica manifesto na composição do texto conciliar, e, numa leitura mais acurada, não é impossível perceber em suas entrelinhas os aspectos eclesiológico, sacramental e escatológico desse intento divino. No texto, a missão do Espírito Santo é intencionalmente sublinhada, uma vez que sem ele seria impossível falar de Mistério Pascal.

Cristo, o "novo Adão", revelador do mistério do Pai e do seu entranhado amor pelos homens, é aquele que também revela o homem a si mesmo, fazendo com que ele descubra a sua vocação: a de partícipe da comunhão divina. Outrossim, "o mistério do homem só no mistério do Verbo encarnado se esclarece verdadeiramente. Adão, o primeiro homem, era efetivamente figura do futuro, isto é, de Cristo Senhor" (GS 22). Em virtude de ser o "novo Adão", o Verbo encarnado torna-se capaz de resgatar a fisionomia original do homem, plasmado pelas mãos do Criador; seus traços originais de imagem de Deus são reencontrados. Na linha de continuidade da cristologia da *Gaudium et Spes*, o "novo Adão" é também "imagem do Deus invisível": "Imagem de Deus invisível" (Cl 1,15), ele é o homem perfeito, o qual restitui aos filhos de Adão a semelhança divina, deformada desde o primeiro pecado. Já que, nele, a natureza humana foi assumida e não destruída, por isso mesmo também em nós

---

[10] Valemo-nos da etimologia do termo grego *mystérion*, a saber: lugar de encontro com o Sagrado.
[11] Usamos aqui a numeração sálmica da Vulgata.

ela foi elevada a uma sublime dignidade. Porque, pela sua encarnação, o Filho de Deus uniu-se de certo modo a cada homem" (GS 22).

Jesus Cristo, "imagem do Deus invisível", manifestando o homem a si mesmo, revela-lhe também a dignidade única de cada um de seus semelhantes, das demais criaturas e do cosmos em sua inteireza. É-lhe revelado também o infinito e amoroso desejo de Deus: imprimir no rosto de cada homem e de toda a criação a sua imagem de bondade e beleza. No Verbo encarnado encontramos o arquétipo da imagem que revela ao homem o verdadeiro e único Deus – e isso a partir daquilo que o próprio Deus realizou na história, destacando-se, em particular, os seus atos de criar e salvar. No ícone pleno e verdadeiro, Cristo Jesus, o Pai "reiconiza" o homem e o cosmos, que também anseia por ser libertado "da escravidão da corrupção para entrar na liberdade da glória dos filhos de Deus" (Rm 8,21).

O "novo Adão", "imagem do Deus invisível", apresenta-se na revelação bíblica com uma postura diametralmente oposta àquela do "velho Adão", representante da humanidade pecadora. Este não foi capaz de abraçar o projeto amoroso de Deus. Quis ser totalmente autônomo em sua liberdade e artífice absoluto de seu próprio destino. Com isso não respeitou a alteridade com Deus, com seus irmãos e com o restante do criado. Assim procedendo, desfigurou os âmbitos das relações e, gradativamente, passou a refletir uma "não imagem" do Deus vivo e verdadeiro. Consequência imediata disso foi a espiral crescente de mentira, inveja, domínio e opressão que passou a dominar o próprio homem e os seus diversos níveis de relação.

Jesus Cristo, o novo Adão, por sua postura "pró-existente" – uma existência toda ela voltada para obediência livre e amorosa a seu Pai e para o serviço aos seus irmãos – pronunciou com a própria vida um "sim" a Deus, o que exatamente o primeiro Adão se recusou a fazer. Levando até o fim a sua adesão à vontade de seu Pai, Jesus se oferece como servo dos homens: "Tendo amado os seus que estavam no mundo, amou-os até o fim" (Jo 13,1). É precisamente nesse contexto que a constituição pastoral introduz a temática soteriológica: "Cordeiro inocente, [Cristo] mereceu-nos a vida com a livre efusão do seu sangue; nele nos reconciliou Deus consigo e uns com os outros e nos arrancou da escravidão do demônio e do pecado. De maneira que cada um de nós pode dizer com o Apóstolo: o Filho de Deus "amou-me e entregou-se por mim" (Gl 2,20)" (GS 22). O efeito da obra soteriológica realizada pelo Verbo encarnado é o nascimento do homem "reiconizado" – o cristão, um ser "cristoconformado", porque recriado "à imagem do Filho que é o primogênito entre a multidão dos irmãos". E esse dado antropológico, sem dúvida, é um dos pontos culminantes da *Gaudium et Spes*.

O dado escatológico apresenta-se agora no proscênio do nosso texto, em perfeita imbricação com a temática soteriológica. E ele se mostra envolvido por uma sugestiva pneumatologia de colorido paulino. Conformados ao Cristo Pascal, os homens recebem "as primícias do Espírito", que os capacita a viver a lei nova do amor inaugurada pelo "novo Adão". É precisamente por meio do Espírito Santo, penhor da herança futura, que eles são renovados interiormente, até que atinjam a meta do desígnio salvífico: a ressurreição do corpo. E a declaração feita por Paulo aos cristãos de Roma aparece no texto como certificado dessa promessa: "'Se o Espírito daquele que ressuscitou Jesus de entre os mortos habita em vós, aquele que ressuscitou Jesus entre os mortos dará também a vida aos vossos corpos mortais, pelo seu Espírito que em vós habita' – Rm 8,11" (GS 22).

O ponto de chegada de todo esse trajeto é o enfático e decisivo – e discreto ao mesmo tempo – papel exercido pelo Mistério Pascal no que concerne à participação de todos os homens na existência de Cristo, o *homem novo*. Dizer "ponto de chegada" não significa considerar esse mistério em termos de linearidade ou simplesmente como um acabamento de uma sequência de eventos. Outrossim, o Mistério Pascal permeia todo o parágrafo 22 do nosso documento, embora a expressão tenha sido mencionada explicitamente apenas três vezes, conforme anteriormente assinalado. Basta dizer que, ao falar de "mistério do homem", "mistério do Verbo encarnado", "efusão do seu sangue", "reconciliação com Deus", "redenção do corpo", a constituição está subentendendo as diversas etapas do único e decisivo mistério de Cristo, o pascal.

Ainda na condição de transeunte neste mundo, o cristão encontra-se num contínuo estado de luta; deve "lutar contra o mal através de muitas tribulações e sofrer a morte", afirma a constituição. Associado, porém, ao Mistério Pascal – e aqui a expressão aparece pela primeira vez no parágrafo que estamos considerando – o batizado já está configurado à morte de Cristo, ao mesmo tempo que caminha ao encontro de sua ressurreição, fortalecido pela esperança.

Uma das declarações que mais me impressionam na *Gaudium et Spes* é precisamente esta que praticamente desfecha o parágrafo 22: "E o que fica dito vale não só dos cristãos, mas de todos os homens de boa vontade, em cujos corações a graça opera ocultamente. Com efeito, já que por todos morreu Cristo, e que a vocação última de todos os homens é realmente uma só, a saber, a divina, devemos admitir que o Espírito Santo a todos dá a possibilidade de se associarem a este Mistério Pascal por um modo só de Deus conhecido".

Com um alvissareiro anúncio de timbre ecumênico – uma autêntica "Boa-Nova" –, a *Gaudium et Spes* não teme declarar que a salvação, antes de tudo, é puro dom de Deus e está destinada a todos os homens, não apenas aos cristãos. Todos os seres humanos são predestinados a se tornar conformes à imagem do Filho de Deus, são destinados a participar da comunhão trinitária em virtude do poder sempre operante do Mistério Pascal de Cristo. Com efeito, a graça opera de modo invisível em todos os homens de boa vontade, concedendo-lhes meios de abertura a fim de que atinjam a plenitude da vocação comum a todos os seres humanos, a divina. "E o que fica dito, vale não só dos cristãos, mas de todos os homens de boa vontade, em cujos corações a graça opera ocultamente."

O Concílio Vaticano II assumiu claramente uma postura bastante favorável ao ecumenismo e ao diálogo inter-religioso. O pensamento que encontramos na *Gaudium et Spes* 22 reflete aquilo que J. B. Libanio qualifica de postura macroecumênica do Vaticano II: "No diálogo com as religiões, o Concílio ensinou que existe o projeto de Deus para que todos os povos constituam uma só comunidade, já que comungam numa única origem e num único destino" (LIBANIO, 2005, p. 165). Isso, porém, não deve ser confundido com um relativismo religioso, uma vez que, com essa teologia, o Concílio não dispensa a Igreja de sua primordial missão de anunciar Jesus Cristo e o seu Mistério Pascal (cf. SUENENS, 1969, p. 122-140). Na declaração *Nostra Aetate*, afirma o Vaticano II: "A Igreja Católica nada rejeita do que há de verdadeiro e santo nestas religiões. Considera ela com sincera atenção aqueles modos de agir e viver, aqueles preceitos e doutrinas [...]. No entanto, ela anuncia e vê-se de fato obrigada a anunciar incessantemente o Cristo que é 'caminho, verdade e vida' (Jo 14,6), no qual todos os homens encontram a plenitude de vida religiosa e no qual Deus reconciliou consigo todas as coisas" (NA 2).

Ao afirmar que o Espírito Santo concede a todos os homens a possibilidade de se tomar parte no Mistério Pascal de Cristo por um modo somente conhecido por Deus, e que a graça de Deus opera ocultamente no coração de todos os homens de boa vontade, a *Gaudium et Spes* salvaguarda a absoluta liberdade de Deus no comunicar o dom da salvação. Não minimizando em nada os meios ordinários de transmissão de salvação, que acontecem por meio dos sacramentos celebrados pela Igreja, o documento deixa ao Espírito Santo a sua misteriosa liberdade de ação, afinal de contas, segundo Jesus, ele é o vento que sopra onde quer, e nunca se sabe de onde ele vem e nem para onde ele vai (cf. Jo 3,8).

CONCLUSÃO

Walter Kasper, comentando a constituição pastoral *Gaudium et Spes*, afirma ser ela "'um *unicum*', sobretudo porque representa uma absoluta novidade no curso de dois mil anos de história dos Concílios".[12] Servindo-nos desse pensamento de Kasper – a que ponto chega a importância desse documento para a bimilenária história da Igreja! –, gostaríamos de concluir nossa exposição matizando mais uma vez a centralidade absoluta que o Mistério Pascal tem no desígnio salvífico de Deus em relação aos homens, à história e ao destino da humanidade.

À luz da constituição pastoral *Gaudium et Spes*, podemos dizer que o Mistério Pascal é, de fato, "um *unicum*", na medida em que é o centro e a síntese do projeto amoroso do Deus criador e salvador e, ao mesmo tempo, a condição *sine qua non* para dele se poder participar. Marcada pela renovação das ciências bíblicas e teológicas, e afetada por uma sensibilidade pastoral sem precedentes, a *Gaudium et Spes* apresenta à Igreja de hoje o *euangelion* do Mistério de Cristo, do Cristo Pascal – celebrado, crido e anunciado ao mundo.

Ao encerrar-se com a promulgação da constituição pastoral, o Concílio parece tomar consciência do "único necessário"[13] para a Igreja e os cristãos: pregar, anunciar e celebrar o Mistério Pascal; nisso, aliás, consiste o cerne da missão confiada por Cristo a seus apóstolos. Continuadora da missão apostólica, a Igreja gestada pelo Concílio Vaticano II é enviada aos homens de hoje, sobretudo aos pobres, aos que sofrem, aos que creem e aos que não creem, a fim de lhes anunciar o Cristo em seu Mistério Pascal, o unificador e recapitulador de todas as coisas. Esse é o ambicioso augúrio da *Gaudium et Spes*, proposto em seu parágrafo 22. A todos, sem qualquer forma de preconceito e distinção, ele deve ser anunciado: "Cristo ressuscitou, destruindo a morte com a própria

---

[12] Disponível em: < http://www.webdiocesi.chiesacattolica.it/cci_new/documenti_diocesi/55/2005-05/23-195/Kasper_Gaudium%20et%20spes%20IT.doc >. Acesso em: 18 fev. 2015.

[13] "Unum est necessarium", disse Jesus a Marta (cf. Lc 10,42).

morte, e deu-nos a vida, para que, tornados filhos no Filho, exclamemos no Espírito: *Abba, Pai".*

BIBLIOGRAFIA

ALMEIDA, A. J. *"Lumen Gentium". A transição necessária.* São Paulo: Paulus, 2005.
BIANCHI, E. *Giorno del Signore. Giorno dell'uomo.* Torino: Piemme, 1999.
BARROS, M. Uma nova primavera para a Igreja. *Perspectiva Teológica* 35 (2003) 39-54.
BOTTE, B. *O Movimento Litúrgico.* São Paulo: Paulus, 1978.
CATECISMO DA IGREJA CATÓLICA. Petrópolis/São Paulo: Vozes/Paulinas/Loyola/Ave-Maria, 1993.
CONCÍLIO VATICANO II. *Constituição dogmática "Dei Verbum";* sobre a Revelação Divina. São Paulo: Paulinas, 2010.
_____. *Constituição dogmática "Lumen Gentium".* São Paulo: Paulinas, 1999.
_____. *Constituição pastoral "Gaudium et Spes";* sobre a Igreja no mundo de hoje. São Paulo: Paulinas, 2005.
_____. *Constituição "Sacrosanctum Concilium";* sobre a Sagrada Liturgia. Rio de Janeiro: Lumen Christi, 1985.
_____. *Declaração "Nostra Aetate";* sobre as relações da Igreja com as religiões não cristãs. Petrópolis: Vozes, 1982.
ENOUT, J. E. A Constituição litúrgica do Vaticano II: culminância do movimento de reforma litúrgica. In: BARAÚNA, G. (org.). *A sagrada liturgia renovada pelo Concílio.* Petrópolis: Vozes, 1964. p. 169-202.
FLORES, J. J. *Introdução à teologia litúrgica.* São Paulo: Paulinas, 2006.
GUIX FERRERES. J. M. La actividad humana en el mundo. In: HERRERA CRIA, A. (org.). *Concilio Vaticano II.* Comentarios a la constituición *Gaudium et Spes* sobre la Iglesia en el mundo de hoy. Madrid: BAC, 1968. p. 267-336.
LIBANIO, J. B. *O Concílio Vaticano II. Em busca de uma primeira compreensão.* São Paulo: Loyola, 2005.
MALDONADO, L.; FERNANDÉZ, P. A celebração litúrgica: fenomenologia e teologia da celebração. In: BOROBIO, D. (org.). *A celebração na Igreja.* São Paulo: Loyola, 1990. v. I.

MARIA PIRES, J. O Concílio Vaticano II. Testemunho de um padre conciliar. In: ABREU, E. H.; SOUZA, N. (orgs.). *Concílio Vaticano II. Memória para os tempos atuais.* São Paulo: Paulinas/Unisal, 2014. p. 15-29.

MARSILI, S. A liturgia. Momento histórico da salvação. In: NEUNHEUSER, B et al. *A liturgia. Momento histórico da salvação.* São Paulo: Paulus, 1987. v. I., p. 39-190.

_____. A missa. Mistério Pascal e mistério da Igreja. In: BARAÚNA, G. (org.). *A sagrada liturgia renovada pelo Concílio.* Petrópolis: Vozes, 1964. p. 379-404.

MOLINERO, A. C. *La domenica. Dies Domini. Celebrazione del mistero di Cristo.* Napoli: Grafite, 1998.

MÜLLER, O. O mistério da Páscoa. In: BARAÚNA, G. (org.). *A sagrada liturgia renovada pelo Concílio.* Petrópolis: Vozes, 1964. p. 355-378.

MORALEJO GONZÁLEZ, R. Missión de la Iglesia en el mundo actual. In: HERRERA CRIA, A. (org.). *Concilio Vaticano II.* Comentarios a la constituición *Gaudium et Spes* sobre la Iglesia en el mundo de hoy. Madrid: BAC: 1968. p. 337-404.

ROCCHETTA, C. *Os sacramentos da fé.* São Paulo: Paulus, 1991.

SÁNCHEZ AIZCORBE, C. La cultura en la constituición *Gaudium et Spes.* In: HERRERA CRIA, A. (org.). *Concilio Vaticano II.* Comentarios a la constituición *Gaudium et Spes* sobre la Iglesia en el mundo de hoy. Madrid: BAC, 1968. p. 445-475.

SUENENS, L. J. *A corresponsabilidade na Igreja hoje.* Petrópolis: Vozes, 1969.

VISENTIN, P. Celebrazione del Mistero di Cristo e celebrazione dei santi nell'Ano Liturgico. *Il Santo* 16 (2), p. 463-473. Citado em *Culmen et Fons.* Padova: Edizioni Messaggero di Padova, 1995. v. I, p. 359-370.

A RELAÇÃO ENTRE ANTROPOLOGIA E CRISTOLOGIA NA *GAUDIUM ET SPES*

Geraldo Luiz De Mori

INTRODUÇÃO

São conhecidos e frequentemente citados os números "cristológicos" da *Gaudium et Spes* (22, 32, 39, 45) e sua relação com a antropologia da própria constituição conciliar. Muito se escreveu sobre eles desde então,[1] e seu legado é parte constitutiva de grande número dos tratados de antropologia teológica que foram elaborados a partir da *Gaudium et Spes*. O estudo aqui proposto retoma, num primeiro momento, de modo resumido, o contexto teológico-dogmático que antecedeu a essa formulação, apontando, em seguida, o lugar que ocupa no texto da *Gaudium et Spes*. Numa terceira parte, apresenta as leituras que essa articulação provocou após o Concílio e que, em grande parte, definiram a orientação de muitos dos tratados de antropologia teológica.

---

[1] Ver dentre os estudos sobre a antropologia do Concílio e da *Gaudium et Spes*: MICCOLI, P. *L'antropologia cristiana alla luce dei documenti del Concilio Vaticano II*. Fasano di Puglia: Grafischiena, 1972. VALLS, M. A. *La plenitude del ser humano en Cristo. La revelación en la "Gaudium et Spes"*. Tesi Gregoriana. Roma: PUG, 1997. CABRAL, R. C. *Cristologia e antropologia na "Gaudium et Spes"*. Dissertação FAJE. Belo Horizonte, 2007. PAVAN, P. L'uomo nel Concilio Vaticano II. *Sem* 20 (1980) 101-129. PORRO, C. Chiesa e mondo nella *Gaudium et Spes*. *ScCatt* 119 (1991) 359-385. LADARIA, L. L'uomo ala luce di Cristo nel Vaticano II. In: LADARIA, L.; LATOURELLE, R. (edd.). *Vaticano II*. Venticinque anni dopo (1962-1987). Assisi: Cittadella, 1987. p. 939-951. CAPORALE, V. Antropologia e cristologia nella *Gaudium et Spes*. *RdT* 19 (1988) 144-165. CODA, P. L'uomo nel mistero di Cristo e nella Trinità. L'antropologia dela *Gaudium et Spes*. *Lat* (NS) 54 (1988) 164-194.

1. CRISTOLOGIA E ANTROPOLOGIA NO PERÍODO PRÉ-CONCILIAR

A maioria dos tratados teológicos surgiu com a ciência moderna e a lógica que lhe imprimiu o Século das Luzes. As temáticas reunidas hoje nos diferentes tratados foram primeiro objeto de pregação e controvérsia, muitas delas discutidas e definidas nos concílios dos primeiros séculos, outras retomadas e aprofundadas nas questões estudadas pelas sumas medievais. A epistemologia das ciências modernas, não mais determinada pela dedução, mas pela observação, experimentação e sistematização, foi aos poucos penetrando o modo de fazer da teologia, dando nascimento às diferentes disciplinas que compõem hoje o *corpus* teológico.

A centralidade de Cristo perpassa o conjunto dos textos do Novo Testamento e da pregação dos primeiros séculos. Ela determina a reflexão que então se fez sobre Deus, o mundo, o ser humano, a salvação, a Igreja e a vida cristã em sua dimensão ética e espiritual. Em geral, esses textos enfatizam, por um lado, o Mistério Pascal, lido a partir da cruz e da ressurreição, e, por outro, a origem de Jesus, pensada à luz do mistério de sua encarnação. Um "retorno" à vida do Nazareno já se deu nos Evangelhos, que narram seu ministério – no qual ocupam lugar importante seu agir e sua pregação ao serviço do Reino –, e alguns elementos de sua infância. A cristologia elaborada nesse período articulava-se, sobretudo, ao redor dos temas da encarnação, morte e ressurreição do Cristo. Esses temas eram predominantemente abordados em função da compreensão da identidade cristológica (quem era Jesus?) e de seu significado para o mundo e para o ser humano (soteriologia). No Novo Testamento, apesar de não compor ainda um sistema, pode-se perceber que o conjunto da reflexão oferece uma inteligência lógica do mistério cristológico, ou seja, o Cristo aí emerge como *Logos*, razão e sentido último do mundo e da humanidade. Essa perspectiva permanece em boa parte do período patrístico, mas sofre uma mudança progressiva na Idade Média, que transforma a centralidade lógica em centralidade cronológica, ou seja, a cristologia é cada vez mais pensada em função e por causa do pecado (BRAMBILLA, 2005, p. 135). Nesse período também foram elaborados alguns conceitos fundamentais da teologia latina, como o de *creatio ex nihilo*, na teologia da criação, e o de *anima forma corporis*, na reflexão antropológica. Tais conceitos podiam, porém, ser pensados autonomamente, sem referência à história de Jesus de Nazaré, provocando uma ruptura entre o que diz a revelação e o que afirma a razão. A época moderna fez essa ruptura. Primeiro, através de sua orientação antropocêntrica, contrapondo razão e fé. Isso se deu no humanismo anticristão, que reduziu Jesus aos limites da pura razão (Kant, Hegel, Schleiermacher), ou o transformou numa variante da antropologia (Feuerbach, Marx, Strauss). O segundo lugar da ruptura deu-se através do fideísmo protestante, oriundo do pessimismo agostiniano, que atraía o humano numa cristologia predominantemente redentora (*theologia crucis*). Jesus, aí, é o centro cronológico da história salvífica, vista em função do pecado. O terceiro lugar de ruptura foi o dualismo da teologia católica em diálogo com o Iluminismo, opondo natural e sobrenatural. O tratado *De Deo creante et elevante* e a *Dei Filius* ilustram bem essa perspectiva. A correção do pessimismo protestante, presente nos herdeiros do Jansenismo, e a necessidade de dialogar com o Iluminismo levaram a teologia a tomar como ponto de partida a natureza, que tem na *ratio* seu lugar de elaboração, à qual era acrescentado o discurso sobre o sobrenatural, baseado na *fides*. Natureza e sobrenatureza, razão e fé foram, assim, pensadas como realidades autônomas, acrescentando-se extrinsecamente uma à outra.

O período anterior ao Concílio Vaticano II conheceu uma renovação da teologia católica com repercussões na cristologia e na antropologia. Isso se deu, no âmbito dos estudos bíblicos, graças à *Divino Afflante Spiritu* e sua abertura aos métodos histórico-críticos, e, no âmbito teológico, graças à renovação dos estudos patrísticos e medievais, e à preocupação em se fazer uma teologia em sintonia com as interrogações dos homens e mulheres de cada época, como aparece, de forma exemplar, na "nouvelle théologie" e na teologia querigmática.

No campo da cristologia, desde o século XIX, a teologia protestante havia dado passos significativos no resgate do "Jesus histórico", contrapondo-o muitas vezes ao "Cristo do dogma ou da fé". A teologia católica, com a crise modernista, manteve-se à margem desse debate, contentando-se em repetir os ensinamentos dogmáticos dos tratados sobre o Verbo encarnado. Dentre as contribuições para celebrar o décimo quinto centenário do Concílio de Calcedônia (1951) se destaca a de Karl Rahner, "Calcedônia, início ou fim". O teólogo alemão questiona nesse texto, a partir de bases bíblicas, a maneira como a neoescolástica entendia a "unidade de pessoa" e a "dualidade de naturezas". Segundo Rahner, o teor autotranscendente da fórmula levanta novas questões, que exigem aprofundamento, para que, quanto mais compreendidas, mais conservem sua vitalidade. É possível ser fiel a Calcedônia, diz ele, considerando suas definições como ponto de partida e não como ponto de chegada. Para que a fórmula "o Verbo se fez homem" não seja identificada como mito pelo pensamento moderno, é preciso aproximá-la da própria compreensão do ser humano. O dogma define a natureza de Cristo e a do ser humano, pois, pela encarnação, o verdadeiro Deus e o verdadeiro humano se encontram em uma pessoa: Jesus Cristo. A intenção imediata de Calcedônia tinha sido a de preservar a integridade da natureza humana de Jesus Cristo diante do monofisismo, que tendia a absorvê-la na natureza divina. A cristologia que predominou após as definições desse Concílio vão acentuar a dimensão divina de Jesus (cristologia descendente), comprometendo a integridade e a autenticidade de sua existência humana (cristologia ascendente), além de privilegiar uma compreensão da soteriologia extremamente vinculada à necessidade da redenção do pecado.

No campo da antropologia, a renovação que se deu antes do Concílio deveu-se, entre outros, aos estudos de Henri de Lubac e Karl Rahner. O primeiro, em diálogo com a filosofia da ação de Blondel e a história da tradição teológica, mostrou que, após o Concílio de Trento, houve uma deformação na concepção do ser humano, com o surgimento dos dois planos, o natural e o sobrenatural. Segundo ele, na teologia clássica essas ordens estavam ligadas pela capacidade que a natureza tinha de receber o sobrenatural, enquanto *potentia oboedientialis*. A teologia pós-tridentina, ao acentuar a distinção entre o dado revelado (sobrenatural) e o dado da razão (natural), superpôs os dois planos de modo extrínseco, tornando-os estranhos um ao outro. O teólogo de Lyon defende a unidade estrutural da antropologia cristã, afirmando que, enquanto tal, a natureza humana comporta em si o sobrenatural, o desejo da visão beatífica de Deus. O paradoxo do ser humano reside no fato de ele ser criado e finito, natureza espiritual antes de ser espírito pensante. Dualidade incindível e, ao mesmo tempo, união indissociável. Criado por Deus, ele o deseja naturalmente, sendo, por isso, capaz de amar. O desejo natural do sobrenatural se encontra, portanto, no ser humano entre a realidade de sua origem, que é Deus, e a de sua finalidade última, que também é Deus. "A visão natural de Deus face a face é o único fim realmente último de todo espírito criado, o único fim capaz de calar todas as ânsias e inquietações" (DE LUBAC, 1967, p. 251). De Lubac ainda se pergunta se é possível afirmar que a visão beatífica é um dom e não um direito. Em resposta, ele afirma que o ser humano não é capaz de explicar racionalmente o significado da abertura de seu espírito, nem mesmo de conhecer o desejo da visão beatífica em profundidade. É pela Revelação, conclui ele, que esse desejo se torna conhecido, e não há outra via pela qual o ser humano possa seguir esse desejo a não ser a da conversão proporcionada pela graça divina.

Rahner, em diálogo com a filosofia transcendental de Joseph Maréchal, ofereceu uma contribuição original para pensar a antropologia à luz da cristologia. O ser humano possui, segundo ele, um saber antecipado sobre o ser em geral. Nesse saber manifesta-se sua transcendentalidade e seu ser espiritual. Ao antecipar tudo o que conhece, ele antecipa também o ser em plenitude e tende para ele, entrando em comunicação com ele. Enquanto ser espiritual, o ser humano entra em comunicação com o Espírito e tem condições de acolher a Deus, que lhe comunica seu próprio ser. A primeira automanifestação divina se deu na criação, onde Deus, ao se autocomunicar, imprimiu-se na humanidade como condição de possibilidade para ser entendido e acolhido por ela. Enquanto essa automanifestação não se completa, o ser humano encontra-se aberto e disponível para Deus. A autocomunicação divina se dá livremente e por amor, e exige que aquele com quem ele se autocomunica a acolha livremente e por amor. Na encarnação do Verbo, diz Rahner, Deus se disse em linguagem existencial e histórica no humano. Desde então, o ser humano é o lugar privilegiado e efetivo da manifestação divina. Por isso, o lugar da possível revelação será sempre a história humana. Ao se revelar, Deus não só falou de si, mas revelou ao ser humano sua própria realidade referida a ele, enquanto pecadora e salva, no mistério de sua encarnação em Jesus Cristo. A perfeita coincidência entre teologia e antropologia se deu em Jesus Cristo. A cristologia é, por isso, "a repetição radical e supereminente da antropologia, de modo que, após a encarnação, a antropologia sempre se há de considerar como cristologia deficiente e a cristologia como fim e fundamento da antropologia, porque em Jesus se revelou historicamente e se encontra de modo inexcedível o que e quem é o ser humano" (RAHNER, 1972, p. 15). Toda a teologia, e até mesmo a doutrina sobre Deus, não pode afirmar nada sem dizer igualmente algo sobre o ser humano, que é essencialmente transcendentalidade, o sujeito do conhecimento sobre Deus.

A renovação dos estudos cristológicos, esboçada por Rahner e outros teólogos antes do Concílio, e a articulação entre cristologia e antropologia, proposta por ele e Henri de Lubac, entre outros, prepararam, sem dúvida, o terreno para a perspectiva esboçada na *Gaudium et Spes*, além de abrir caminho para todo o desenvolvimento ulterior dessas duas disciplinas no *corpus* teológico. A leitura que se propõe a seguir retoma os grandes eixos dessa articulação no próprio texto da *Gaudium et Spes*. Não se trata de um estudo genético dos meandros que levaram à sua promulgação, mas de uma leitura da estrutura a partir da qual o texto se dá a ler após sua aprovação pelo Vaticano II.

2. CRISTOLOGIA E ANTROPOLOGIA NA *GAUDIUM ET SPES*

O texto da *Gaudium et Spes* está subdividido em duas grandes partes: a primeira, n. 12-45, aborda a questão "A Igreja e a vocação do ser humano", e a segunda, n. 46-90, "Alguns problemas mais urgentes". Uma introdução, n. 4-11, que tem como título "A condição do ser humano no mundo de hoje", e um proêmio, n. 1-4, indicam a temática e os destinatários da constituição.

O texto começa estabelecendo a relação entre antropologia e cristologia. Inicia-se afirmando que o mundo é "teatro da história do gênero humano e marcado por sua atividade: derrotas e vitórias; esse mundo criado e conservado pelo amor do Criador [...] foi reduzido à servidão do pecado, mas o Cristo crucificado e ressuscitado quebrou o poder do Maligno e o libertou" (n. 2). Logo a seguir, com o mesmo tipo de argumento, o texto da *Gaudium et Spes* apresenta os aspectos contraditórios do humano e indica o que lhe aporta a luz do mistério de Cristo. Assim, o gênero humano, "arrebatado pela admiração das próprias descobertas e do próprio poder [...] frequentemente debate os problemas angustiantes sobre a evolução moderna do mundo, sobre o lugar e função do ser humano no universo inteiro, sobre o sentido de seu esforço individual e coletivo e, em conclusão, sobre o fim último das coisas e do ser humano" (n. 3). Por isso, o Concílio quer estabelecer com toda a família humana um "diálogo sobre aqueles vários problemas, iluminando-os à luz do Evangelho e fornecendo ao gênero humano os recursos de salvação que a própria Igreja, conduzida pelo Espírito Santo, recebe de seu Fundador" (Ibid.). A preocupação central do texto é salvífica. Para isso, proclama "a vocação altíssima do ser humano" e afirma que existe nele uma "semente divina" (Ibid.). Essa maneira de construir o argumento, pela "lógica do contraponto", marca boa parte do texto, que começa com uma descrição dos "sinais dos tempos" e em seguida oferece a luz ou a resposta da fé.

Assim, a introdução, dedicada a descrever "A condição do ser humano no mundo de hoje", é uma descrição dos "sinais dos tempos" e uma tentativa de interpretá-los à luz do Evangelho (n. 4). O texto pretende "conhecer e entender o mundo no qual vivemos, suas esperanças, suas aspirações e sua índole frequentemente dramática" (Ibid.). Começa dando-se conta de que "o gênero humano se encontra, hoje, em uma fase nova de sua história", marcada por mudanças profundas e rápidas, provocadas por sua inteligência e sua atividade criadora, que atinge a ele próprio, a seu modo de pensar e agir, à sua relação com a coletividade e o mundo. Tais mudanças são, porém, marcadas por "sérias dificuldades", pois, ao estender seu poder, o ser humano não consegue "submetê-lo a seu serviço", ao ampliar seu conhecimento da própria mente torna-se "mais incerto de si mesmo", ao descobrir as leis da vida social "hesita sobre a direção a lhe imprimir" (Ibid.). Dispõe como nunca de riquezas, mas boa parte da humanidade padece fome e miséria, muitos são analfabetos. Tem um sentido agudo da liberdade, mas cria "novas formas de escravidão social e psíquica". Caminha na direção da unidade e da mútua dependência e solidariedade e ao mesmo tempo é dividido por "agudas dissensões políticas, sociais, econômicas, raciais e ideológicas" (Ibid.). Aumenta a comunicação de ideias, mas suas palavras revestem-se de sentidos diversos segundo as várias ideologias.

Esse caráter ambíguo do mundo faz com que o ser humano se interrogue sobre sua evolução. O texto da *Gaudium et Spes* entende que a mudança em curso se deve a uma transformação mais ampla das coisas, determinada pela ciência e pela técnica, que estende seu domínio também sobre o tempo, acelerando a história, levando-a a uma perspectiva mais dinâmica e evolutiva, que afeta toda a sociedade. Difunde-se cada vez mais a sociedade industrial e cresce uma civilização urbana, que afeta os processos de socialização (n. 6). As mudanças em curso questionam os valores recebidos, as instituições, leis e modos de pensar e agir legados pelos antepassados. A própria vida religiosa é afetada e cresce o número dos que se afastam da religião (n. 7). Tais mudanças "produzem ou aumentam as contradições e desequilíbrios" (n. 8), tanto nos indivíduos quanto na família, entre as raças, classes sociais, nações, instituições internacionais criadas com a ambição de promover a paz. Ao mesmo tempo, porém, "cresce a persuasão de que o gênero humano não só pode, mas deve fortalecer cada dia mais o seu domínio sobre as coisas criadas", estabelecendo "uma organização política, social e econômica que com o tempo sirva melhor ao ser humano e ajude cada um e cada grupo a afirmar e cultivar a própria dignidade" (n. 9). Dessa organização surgem grupos que lutam para que os benefícios da cultura sejam estendidos a todos. Subjaz a eles uma aspiração mais profunda e mais universal, a de "viver plena e livremente de maneira digna do ser humano" (Ibid.). O texto afirma, ainda, que os desequilíbrios do mundo moderno se vinculam com o "desequilíbrio mais fundamental radicado no coração do ser humano", que se experimenta limitado e ilimitado, atraído por inúmeras solicitações e obrigado a renunciar a algumas, enfermo e pecador, não fazendo o que quer, mas o que abomina. Surgem, então, várias questões: o que é o ser humano? Qual o sentido da dor, do mal e da morte, que, apesar de tanto progresso conseguido, continuam a subsistir? Qual o sentido das vitórias se o custo é tão grande? O que pode o ser humano trazer para a sociedade e dela esperar? O que se seguirá depois desta vida terrestre? (Ibid.). Como conclusão, a introdução remete ao Cristo, "morto e ressuscitado por todos", o qual "pode oferecer ao ser humano, por seu Espírito, a luz e as forças que lhe permitirão corresponder à sua vocação suprema. [...] A chave, o centro e o fim de toda a história humana se encontram no seu Senhor e mestre" (Ibid.). É sob sua luz que a *Gaudium et Spes* pretende "esclarecer o mistério do ser humano" e ajudar na solução dos problemas hodiernos.

A "lógica da contraposição", que consiste, por um lado, em descrever a situação contraditória na qual se encontra a humanidade na atualidade (momento antropológico), e, por outro, em oferecer a luz do mistério de Cristo como chave de compreensão da profundidade do mistério humano (momento cristológico), se encontra nos capítulos que compõem a primeira parte da *Gaudium et Spes*. Não se fará, aqui, a apresentação detalhada de cada um deles, mas apenas uma breve leitura do conteúdo proposto, indicando que aspectos cristológicos são explorados.

A primeira parte começa afirmando que a leitura que propõe sobre o ser humano é animada pela fé, que "esclarece todas as coisas com luz nova. Manifesta o plano divino sobre a vocação integral do ser humano" (n. 11). Segundo o texto, o Concílio quer "distinguir sob esta luz aqueles valores que hoje são de máxima estimação, relacionando-os à sua fonte divina", mas também pretende mostrar como, "por causa da corrupção do coração humano", tais valores "se afastam não raro de sua ordem devida e por isso precisam de purificação" (Ibid.).

O primeiro capítulo, "A dignidade da pessoa humana", inicia afirmando a centralidade do humano em quase todas as culturas. Pergunta-se, então, o que é o ser humano, indicando que o mesmo já emitiu várias opiniões sobre si mesmo, muitas vezes contrárias entre elas, indo da exaltação ao desespero. A Igreja, "instruída pela revelação de Deus, pode dar-lhes uma resposta, na qual se delineia a verdadeira condição humana, explicam-se as suas fraquezas e ao mesmo tempo se reconhecem de modo correto sua dignidade e vocação" (n. 12). Após essa afirmação, o texto apresenta alguns elementos da antropologia bíblica e cristã: 1) a criação do ser humano à imagem de Deus, com capacidade de conhecer e amar seu criador; 2) a diferença de sexos e sua união como primeira forma de comunhão de pessoas; 3) a constituição do humano por Deus em estado de justiça e o abuso de sua liberdade, que o fez levantar-se contra Deus, desejando atingir seu fim fora dele; 4) a divisão interna na qual se experimenta o ser humano, que se traduz na luta dramática entre o bem e o mal, a luz e as trevas; 5) sua incapacidade de debelar eficazmente os ataques do mal, só o realizando através de seu Senhor; 6) a constituição humana como corpo e alma, que formam unidade; 7) o papel da inteligência, que faz o ser humano conhecer as coisas; 8) a intimidade da consciência moral, que o faz descobrir a lei que lhe pede para fazer o bem e evitar o mal; 9) a capacidade humana de voltar-se para o bem através da liberdade; 10) a morte como o maior enigma do ser humano, mas que, segundo a revelação, será vencida um dia pela ressurreição; 11) a dignidade humana proveniente de sua vocação à comunhão com Deus. Uma vez apresentados esses elementos, o texto dedica-se a uma análise do ateísmo, mostrando suas raízes e afirmando que o reconhecimento de Deus não se opõe à dignidade humana. O ser humano permanece enigma para si mesmo, o qual só é desvendado plena e totalmente em Deus (n. 21).

Coroando o capítulo, o número 22 articula cristologia e antropologia, afirmando que o "mistério do ser humano só se torna claro verdadeiramente no mistério do Verbo encarnado", Cristo é quem "manifesta plenamente o ser humano ao próprio ser humano e lhe descobre a sua altíssima vocação", nele as verdades presentes nas afirmações feitas acima encontram sua fonte e atingem seu ápice. O texto recorre a várias citações neotestamentárias e conclui dizendo que "por Cristo e em Cristo, portanto, ilumina-se o enigma da dor e da morte, que fora de seu Evangelho nos esmaga. Cristo ressuscitou, com sua morte destruiu a morte e concedeu-nos a vida, para que, filhos no Filho, clamemos no Espírito: *Abba*, Pai" (Ibid.).

O segundo capítulo, "A comunidade humana", aborda a questão do ser humano em seu caráter social. Inicia reconhecendo os avanços nesse aspecto, devido ao progresso técnico, embora aponte a necessidade de "uma reverência mútua para com sua plena dignidade espiritual" (n. 23). Para promover essa comunhão entre as pessoas, o texto aponta também o aporte da revelação cristã. Começa recordando o fundamento das relações sociais segundo as Escrituras: o amor de Deus e do próximo (n. 24). Associa a isso o ideal de unidade dos seres humanos, querido por Cristo. Em seguida, mostra a relação entre pessoa humana e sociedade, recordando que a pessoa humana "é e deve ser o princípio, sujeito e fim de todas as instituições sociais, porque, por sua natureza, necessita absolutamente da vida social" (n. 25). Indica, ainda, que vínculos sociais necessários à educação humana, como a família e a comunidade política, correspondem à sua natureza íntima, e outros, à sua vontade livre. Aponta, também, a ideia da promoção do bem comum, como o conjunto das condições da vida social que permitem aos grupos e a cada um de seus membros atingir de maneira mais completa a própria perfeição. Tal promoção está relacionada com o crescimento da consciência da dignidade humana, ao qual estão associados direitos e direitos universais, necessários para levar uma vida verdadeiramente humana. Daí se segue que a ordem social deve estar ordenada ao bem das pessoas, desenvolvendo-se sem cessar, tendo como base a verdade e construir-se sobre a justiça, sendo animada pelo amor, encontrando na liberdade um equilíbrio sempre mais humano. O respeito à pessoa humana é a consequência prática e urgente disso tudo. Por isso, tudo o que atenta contra a própria vida, tudo o que ofende a dignidade humana é digno de censura (n. 27). O texto afirma, ainda, que todos os seres humanos têm a mesma natureza e a mesma origem, gozando da mesma vocação e destinação divina, donde a necessidade de se reconhecer cada vez mais a igualdade fundamental de todos. O texto incentiva à responsabilidade e à participação de todos nas iniciativas comuns e na vida política, articulando de novo, no número 32, a reflexão sobre a dimensão comunitária do ser humano à cristologia. Deus, segundo o texto, não criou os seres humanos para viverem isolados, mas para formarem uma união social. Ele quer salvá-los não individualmente, mas constituí-los em um povo. Essa índole comunitária, por obra de Jesus Cristo, é aperfeiçoada e consumada, pois o Verbo encarnado quis participar da comunidade humana. "Nele todos, membros uns dos outros, segundo a diversidade de dons que lhes são concedidos, devem ajudar-se mutuamente" (Ibid.). Essa solidariedade deve crescer até o dia da consumação.

O terceiro capítulo, "Sentido da atividade humana no mundo", retoma o tema da ciência e da técnica e seu domínio sobre a natureza. Reconhecendo que a atividade humana penetra todo o mundo, o texto se pergunta por seu sentido e valor. Como o que é produzido pelo esforço humano deve ser utilizado? Para onde caminha esse movimento, quer individual, quer coletivo? De novo a luz da revelação é invocada para iluminar as questões levantadas pela ação humana. O texto inicia afirmando que a atividade humana e o empenho no qual a humanidade se encontra para melhorar suas condições de vida correspondem ao plano de Deus. Invoca de novo a teologia do humano como imagem de Deus e sua missão de submeter a terra com tudo o que nela existe, governando o mundo em justiça e santidade e reconhecendo a Deus como criador de tudo, orientando para ele seu ser e tudo o mais, de modo que, com a submissão de todas as coisas ao humano, o nome de Deus seja glorificado. O texto recorda, ainda, que a própria atividade humana se ordena ao ser humano, pois, quando este trabalha, não só transforma as coisas e a sociedade, mas se aperfeiçoa a si mesmo. Em seguida, é apresentada a questão da autonomia das realidades terrestres, fundada numa teologia da criação, segundo a qual "as coisas são dotadas de fundamento próprio, verdade, bondade, leis e ordem específicos" (n. 36). Nesse sentido, "tanto as realidades profanas quanto as da fé originam-se do mesmo Deus" (Ibid.). O texto reconhece que o progresso é um bem para a humanidade, mas que traz consigo uma tentação enorme, pois pode perturbar a hierarquia de valores, misturando o bem com o mal e fazendo com que "os indivíduos e os grupos olhem somente para os próprios interesses e não os dos outros" (n. 37). Por isso, uma luta árdua contra o poder das trevas perpassa a história humana, que vai durar até seu último dia. O capítulo termina articulando o tema da atividade humana (antropologia) à perspectiva cristológica. No número 38, recorda que o "mesmo Verbo de Deus, por quem todas as coisas foram feitas e que se encarnou e habitou na terra dos humanos, entrou como homem perfeito na história do mundo, assumindo-a em si mesmo e em si recapitulando todas as coisas. Ele nos revela que "Deus é amor" (1Jo 4,8). Ao mesmo tempo nos ensina que "a lei fundamental da perfeição humana e, portanto, da transformação do mundo, é o mandamento novo do amor" (n. 38). É pelo caminho do amor que a fraternidade universal é instaurada. Constituído Senhor por sua ressurreição, ele já age pela virtude de seu Espírito nos corações dos seres humanos, despertando neles o desejo da vida futura e animando, purificando e fortalecendo as aspirações generosas com as quais a família humana se esforça por tornar mais humana sua própria existência e submeter a terra inteira a este fim. Segundo o número 39, "nós ignoramos o tempo da consumação da terra e da humanidade e desconhecemos a maneira de transformação do universo. Passa certamente a figura deste mundo deformada pelo pecado, mas aprendemos que Deus prepara morada nova e nova terra", onde habitará a justiça e a felicidade superará todos os desejos de paz que sobem dos corações humanos (Ibid.). A esperança dessa nova terra não deve atenuar, mas impulsionar a solicitude pelo aperfeiçoamento dessa terra. Nela já cresce o Corpo da nova família humana que já pode apresentar algum esboço do novo século. Por isso, ainda que o progresso terreno deva ser distinguido do aumento do reino de Cristo, é de interesse para o reino de Deus, na medida em que pode contribuir para organizar a sociedade humana. O capítulo conclui dizendo que "o reino já está presente em mistério aqui na terra. Chegando o Senhor, ele se consumará" (Ibid.).

O quarto capítulo, "Função da Igreja no mundo de hoje", tem acentos mais eclesiológicos que antropológicos. Busca aprofundar as relações da Igreja com o mundo, rompendo com a perspectiva de uma oposição entre a história humana e a história religiosa tal qual a entendia o Cristianismo. Entendendo-se como nascida do amor do Pai, fundada no tempo por Cristo e movida pelo Espírito, ela percebe sua missão como salvífica, já atuando na história, mas tendo sua plena realização na escatologia. Nesse sentido, sua missão é a de colocar-se ao serviço da humanidade, convicta de que o Evangelho que anuncia é o da liberdade dos filhos de Deus, que rejeita toda a servidão, respeita a dignidade de consciência e sua decisão livre, adverte que todos os talentos humanos devem estar ao serviço de Deus e do bem de todos, recomendando a caridade de todos. A Igreja tem consciência de que sua missão é de ordem religiosa, mas isso não a exime de auxiliar na organização e fortalecimento da comunidade humana. Por isso, ela pode e deve promover atividades destinadas ao serviço de todos, sobretudo dos indigentes. Ela também quer ajudar a promover todas as instituições que a humanidade construiu em vista do bem comum. Segundo o texto, a Igreja exorta os cristãos a desempenharem suas tarefas terrestres, com competência, segundo os princípios do Evangelho. Ela reconhece o que recebeu das diversas culturas e saberes e insiste para que em cada lugar e cultura se possa continuar auscultando, discernindo e interpretando as linguagens do nosso tempo, julgando-as à luz da palavra divina, para que a verdade revelada possa ser percebida sempre mais profundamente e melhor entendida e proposta mais adequadamente (n. 44). O texto também termina com uma referência explícita à cristologia, afirmando que a Igreja tende a um só fim, o advento do reino de Deus e da salvação para toda a humanidade. O bem que o Povo de Deus pode prestar à humanidade deriva do fato de a Igreja ser o sacramento universal da salvação, manifestando e operando ao mesmo tempo o mistério de amor de Deus para com os seres humanos (n. 45). O Verbo de Deus se encarnou, de tal modo que, como homem perfeito, salvasse todos os seres humanos e recapitulasse todas as coisas. Ele é o fim da história, o ponto para o qual convergem todas as suas aspirações. Ele é o centro da humanidade, alegria de todos os corações e plenitude de todos os seus desejos. "Vivificados em seu Espírito, caminhamos para a consumação da história humana, que concorda plenamente com o seu desígnio de amor" (Ibid.). O texto termina citando o Apocalipse, que diz que o Cristo vem em breve e dará sua recompensa a cada um segundo suas obras, pois ele é o alfa e o ômega, o primeiro e o último, o começo e o fim (Ap 22,12-13).

3. IMPACTOS DA ARTICULAÇÃO ANTROPOLOGIA-CRISTOLOGIA NA TEOLOGIA PÓS-CONCILIAR

O conteúdo dos capítulos apresentados aponta para aspectos subjetivos, sociais, históricos e eclesiais de um possível esboço de antropologia cristã. O impacto da antropologia da *Gaudium et Spes* não foi, porém, sentido de imediato nos debates teológicos posteriores ao Concílio. Segundo Brambilla, outros elementos chamaram mais a atenção, como o valor dessa constituição para a abertura da Igreja ao mundo e os temas que lhe são relacionados, como a relação Igreja-mundo, o confronto crítico com a secularização, a relação dialética com os humanismos culturais, a retomada da temática dos "sinais dos tempos" e da teologia da história, os temas da paz e da guerra (BRAMBILLA, 2006, p. 25). O aporte da antropologia subjacente ao texto ficou em segundo plano, tendo ocupado, sobretudo, os teólogos que contribuíram em sua redação. A valorização da consistência teórica e do relevo magisterial da primeira parte dividiu muito os teólogos, com opiniões bastante divergentes. Três dessas opiniões se destacaram e serão retomadas a seguir, pois elas apontam para os desdobramentos ulteriores que a antropologia teológica conheceu: E. Schillebeeckx, H. de Lubac e G. Colombo.

Schillebeeckx articula os elementos próprios à *Gaudium et Spes* ao discurso mais amplo sobre a revelação sobre o ser humano no mundo. Sua leitura relaciona *Gaudium et Spes* com *Dei Verbum*, na qual ele tinha dado uma contribuição sobre o tema da revelação. Para ele, "a Bíblia não oferece nem uma antropologia nem uma cosmologia. Ela afirma unicamente que o ser humano é objeto do amor divino. O que ele será no mundo deverá resultar da experiência de sua própria história" (SCHILLEBEECKX, 1966, p. 126). Essa leitura se relaciona com a compreensão que o teólogo de Nimega tinha sobre a revelação. Para ele, era importante distinguir a revelação como acontecimento (intersubjetividade com Deus na fé) e a revelação como palavra (que se exprime através da figura deduzida da história da salvação). A categoria histórico-salvífica, diz ele, permanece sujeita à mudança cultural da consciência histórica e, portanto, aberta a novas expressões culturais. Nesse sentido Schillebeeckx entendia a ideia de *aggiornamento*, tão cara a João XXIII. Ele afirma que a revelação fornece uma "nova dimensão" à nossa experiência humana com a afirmação da absoluta presença do amor de Deus em Jesus. O conteúdo determinado do ser-humano-no-mundo não provém, porém, da revelação, mas da "experiência terrena da humanidade, dos cristãos e dos não cristãos" (Ibid., p. 127). Nesse sentido, sua leitura da primeira parte da *Gaudium et Spes* é que a revelação exprime a transcendência e a não teorização sobre o ser do ser humano na história. O conteúdo da autocompreensão histórica que possuímos é proveniente da cultura do tempo. Segundo Brambilla, a interpretação do teólogo de Nimega é emblemática de uma linha que conheceu um desenvolvimento notável no período posterior ao Concílio, tendo sido hegemônica no desenvolvimento da antropologia teológica. Essa linha recupera o princípio cristocêntrico da revelação e o interpreta de modo crítico-negativo, ou seja, em seu sentido escatológico. Cristo representa o "ser humano novo" escatológico, porque abre um horizonte sempre novo às discussões da antropologia, sobretudo em sua dimensão teológica, pois os conteúdos materiais da visão cristã do ser humano são determinados pela cultura. Nessa linha se situariam J.-B. Metz, J. Moltmann e os teólogos da libertação. Trata-se, diz Brambilla, de um "apofatismo antropológico", no qual a cristologia funciona como o "não dito da visão cultural sobre o ser humano", e a antropologia teológica elabora a "abertura da concepção da cultura" (Ibid., p. 29).

A segunda perspectiva, relacionada a H. de Lubac, sustenta que a *Gaudium et Spes* propõe um núcleo consistente de antropologia teológica. O comentário que Lubac fez do texto conciliar pode ser visto como uma tentativa de situar a antropologia cristã da *Gaudium et Spes* na ótica dos debates sobre a superação do dualismo natural-sobrenatural. A partir de *Gaudium et Spes*, ele sugere duas tarefas para a teologia. A primeira, na linha da abertura do ser humano para o fim último, aponta para a vocação divina do ser humano, revelada em Jesus Cristo. Retomando

Barth, o teólogo de Lyon afirma que a fé se mostra na esperança e na angústia, "uma angústia infinitamente profunda, mas também uma promessa infinitamente grande" (LUBAC, 1985, p. 253). A segunda tarefa busca dar uma motivação racional, partindo da fé, ao interesse cristão pelo mundo. São as questões centrais das duas partes da *Gaudium et Spes*. Segundo Brambilla, H. de Lubac tem em vista o trabalho realizado pelo Concílio. Para ele, a antropologia da *Gaudium et Spes* realizou uma tomada de posição importante, superando a teologia das duas ordens, com o dualismo extrinsecista que a caracterizava. Ele acreditava que o Concílio apresentava uma leitura unitária do mistério cristão à luz da categoria da aliança, centrada no Cristo. Para ele, um ganho importante também é que o mistério do ser humano é decifrado em sua radical referência a Cristo, e sua realização em nós se dá como dom gratuito da graça que move nossa liberdade a acolhê-lo.

A terceira perspectiva é a de G. Colombo, que afirma que a *Gaudium et Spes* não realizou o que prometeu. É a leitura mais crítica da constituição, feita em reação a uma tendência, que surgiu logo após o Concílio, de fazer teologia a partir do Magistério e não da fonte da revelação. Colombo propõe duas observações à *Gaudium et Spes*. A primeira tem a ver com a tensão entre a introdução (n. 4-10) e o discurso antropológico da primeira parte (n. 11-45). Segundo ele, enquanto a introdução abre a um discurso sobre o humano em perspectiva histórica, a exposição que se segue propõe um discurso sobre o humano a partir de seus elementos essenciais. Isso indica, segundo ele, a renúncia em desenvolver a antropologia da *Gaudium et Spes* na perspectiva prometida na introdução. Sua segunda observação é oriunda de uma análise crítica da antropologia da *Gaudium et Spes*. Na arquitetura do texto ele percebe um duplo impulso: de um lado, a assunção e a prossecução da antropologia teológica recebida da neoescolástica, centrada na ideia da elevação à ordem sobrenatural, e, de outro, a intenção da impostação cristocêntrica. Colombo diz que tal intenção é compartilhável, mas a execução concreta não assume o princípio cristocêntrico como "forma" do discurso antropocêntrico. Com relação aos aspectos essenciais do ser humano, ao redor dos quais é articulada a primeira parte, a referência a Cristo chega no final de cada capítulo (n. 22, 32, 38-39, 45), o que indica que a referência se insere de modo exterior. Nesse sentido, a antropologia da *Gaudium et Spes*, apesar da positiva exclusão da teologia das duas ordens, repropõe, sem superá-la, a antropologia dos manuais neoescolásticos.

CONCLUSÃO

Sem dúvida alguma, *Gaudium et Spes* contribuiu, de modo decisivo, para repensar a antropologia em perspectiva cristológica. A época em que foi elaborada era ainda a de um otimismo antropológico excessivo, o que justifica muitas das críticas que posteriormente lhe foram dirigidas, mas o trabalho realizado por esse texto repercutiu de modo decisivo na formação dos tratados de antropologia teológica que, a partir da década de 1970, começaram a surgir, todos eles com uma relação estreita com a cristologia, embora nem todos ainda com a necessária impostação lógica presente nos textos do Novo Testamento e de boa parte da patrística. A comemoração dos cinquenta anos da *Gaudium et Spes* é uma boa ocasião para um balanço de seu impacto no conjunto da reflexão teológica, não tanto como texto acabado, mas como provocação ao pensar a inteligência da fé. Nesse sentido, mais do que "canonizar" o texto, o que as novas gerações de leitores(as) desse texto do Concílio devem fazer é continuar realizando o que diz Schillebeeckx a propósito da teologia: dizer na língua de nosso tempo (*aggiornamento*) o que são as razões para crer, esperar e amar segundo a singular figura de humano que é Jesus.

REFERÊNCIAS BIBLIOGRÁFICAS

CONCÍLIO VATICANO II. Constituição pastoral *Gaudium et Spes*, sobre a Igreja no mundo de hoje. In: *Compêndio do Vaticano II;* constituições, decretos, declarações. Petrópolis: Vozes, 1968. p. 141-256.

BRAMBILLA, F. G. *Antropologia teologica.* Brescia: Queriniana, 2005.

CABRAL, R. C. *Cristologia e antropologia na "Gaudium et Spes".* Dissertação FAJE. Belo Horizonte, 2007.

CAPORALE, V. Antropologia e cristologia nella *Gaudium et Spes*. *RdT* 19 (1988) 144-165.

CODA, P. L'uomo nel mistero di Cristo e nella Trinità. L'antropologia della *Gaudium et Spes*. *Lat* (NS) 54 (1988) 164-194.

COLOMBO, G. La teologia della *Gaudium et Spes* e l'esercizio del magistero ecclesiastico. *Scienza Cattolica* 98 (1970) 477-511.

COMBLIM, J. *Vaticano II quarenta anos depois.* São Paulo: Paulus, 2005.

DE LUBAC, H. Senso totale dell'uomo e del mondo. In: *La rivelazione divina e il senso dell'uomo.* Milano: Jaca Book, 1985. p. 251-290.

_____. *Il mistero del soprannaturale.* Bologna: Il Mulino, 1967.
GIBELLINI, R. *A teologia do século XX.* São Paulo: Loyola, 1998.
LADARIA, L. L'uomo alla luce di Cristo nel Vaticano II. In: LADARIA, L.; LATOURELLE, R. (edd.). *Vaticano II.* Venticinque anni dopo (1962-1987). Assisi: Cittadella, 1987. p. 939-951.
PAVAN, P. L'uomo nel Concilio Vaticano II. *Sem* 20 (1980) 101-129.
PORRO, C. Chiesa e mondo nella *Gaudium et Spes. ScCatt* 119 (1991) 359-385.
MICCOLI, P. *L'antropologia cristiana alla luce dei documenti del Concilio Vaticano II.* Fasano di Puglia: Grafischiena, 1972.
RAHNER, Karl. Teologia dell'incarnazione. In: *Saggi di cristologia.* Roma: Paoline, 1969.
_____. Reflexões fundamentais sobre a antropologia e a protologia no conjunto da teologia. In: *Mysterium Salutis;* compêndio de dogmática histórico-salvífica. Petrópolis: Vozes, 1972. v. II/2, p. 6-19.
_____. *Curso fundamental da fé;* introdução ao conceito de cristianismo. São Paulo: Paulinas, 1989.
_____. *Teologia e antropologia.* São Paulo: Paulinas, 1969.
SCHILLEBEECKX, E. Fede cristiana ed aspettative terrene. In: *La Chiesa nel mondo contemporaneo.* Brescia: Queriniana, 1966. p. 103-135.
VALLS, M. A. *La plenitude del ser humano en Cristo. La revelación en la "Gaudium et Spes".* Tesi Gregoriana. Roma: PUG, 1997.

O BEM DO MATRIMÔNIO E DA FAMÍLIA: NA *GAUDIUM ET SPES* E HOJE

Luís Corrêa Lima

Como é bom um concílio ecumênico afirmar solenemente que as alegrias e as esperanças, as tristezas e as angústias dos homens de hoje, sobretudo dos pobres e dos que sofrem, são também as alegrias e as esperanças, as tristezas e as angústias dos discípulos de Cristo. Como é bom saber que toda a realidade humana deve encontrar eco em seu coração, pois a Igreja está intimamente ligada à humanidade e à sua história (*Gaudium et Spes* [GS] 1).

Essa ligação íntima impele a Igreja a evangelizar de maneira adaptada à realidade dos povos. Deve haver um intercâmbio permanente entre a Igreja e as diversas culturas. Ela reconhece que necessita da ajuda dos conhecedores das várias instituições e disciplinas, crentes ou não. Os fiéis precisam saber ouvir e interpretar as várias linguagens ou sinais do nosso tempo, sobretudo os pastores e teólogos, para avaliá-los adequadamente à luz da Palavra de Deus, de modo que a verdade divina seja mais intimamente percebida, melhor compreendida e apresentada de um modo conveniente (GS 4 e 44). A correta evangelização, portanto, é uma estrada de duas mãos, de intercâmbio entre a Igreja e as culturas contemporâneas. E na atividade pastoral não bastam apenas os princípios teológicos, mas também o auxílio de ciências profanas, como a psicologia e a sociologia, para conduzir os fiéis a uma vida de fé mais pura e adulta (n. 62).

Salta aos olhos no Concílio o profundo apreço pela liberdade de consciência da pessoa humana, associada ao dever de buscar a verdade. Essa liberdade é o direito de a pessoa agir segundo a norma reta da sua consciência, e o dever de não agir contra ela. Nela está o "sacrário da pessoa", onde Deus está presente e se manifesta. Pela fidelidade à voz da consciência, os cristãos estão unidos aos outros homens no dever de buscar a verdade, e de nela resolver os problemas morais que surgem na vida individual e social (n. 16). Nenhuma palavra externa substitui a reflexão e o juízo da própria consciência.

O ENSINAMENTO SOBRE O MATRIMÔNIO E A FAMÍLIA

Em consonância com esses valores, o Concílio quer promover a dignidade do matrimônio e da família, reconhecendo que o bem-estar da pessoa e também da sociedade, tanto a humana quanto a cristã, está intimamente ligado à situação favorável da comunidade conjugal e familiar. Contudo, a dignidade dessa instituição é obscurecida pela poligamia, pela "epidemia" do divórcio e pelo amor livre. O amor conjugal, muitas vezes, é fortemente prejudicado pelo egoísmo, pela busca desenfreada do prazer e por práticas ilícitas contra a geração (n. 47).

A íntima comunidade da vida e do amor conjugal tem seu fundamento no Criador e é dotada de leis próprias. Ela é instituída por meio da aliança matrimonial, pelo consentimento pessoal irrevogável. O próprio Deus é o autor do matrimônio, que possui diversos bens e fins, todos eles da máxima importância, seja para a propagação do gênero humano, seja para o proveito pessoal e o destino eterno de cada um dos membros da família, seja para a paz e a prosperidade de toda a família humana. O amor conjugal autêntico é assumido no amor divino, dirigido e enriquecido pela força redentora de Cristo e pela ação salvadora da Igreja, para que os esposos caminhem eficazmente para Deus, e sejam ajudados e fortalecidos em sua missão sublime paterna e materna. A família cristã, nascida de um matrimônio que é imagem e participação da aliança de amor entre Cristo e a Igreja, manifesta a presença viva do Salvador no mundo e a autêntica natureza da Igreja por meio do amor dos esposos, pela sua generosa fecundidade, unidade e fidelidade, e pela amável cooperação de todos os seus membros (n. 48).

A Palavra de Deus convida os noivos a alimentar e robustecer o seu noivado com um amor casto, e os esposos, a sua união com um amor indiviso.[1] Esse amor tem a sua expressão e realização no ato próprio do matrimônio, o ato sexual. São honestos e dignos os atos pelos quais os esposos se unem em intimidade e pureza. Realizados de modo autên-

---

[1] Gn 2,22.24; Pr 5,18-20; 31,10-31; Tb 8,4-8; Ct 1,2-3; 2,16; 4,16-5,1; 7,8-11; 1Cor 7,3-6; Ef 5,25-33.

ticamente humano, exprimem e alimentam a mútua entrega pela qual os cônjuges se enriquecem um ao outro na alegria e gratidão (n. 49).

No dever de transmitir e educar a vida humana, os esposos são cooperadores do amor de Deus Criador, e de certo modo seus intérpretes. São os próprios esposos que devem decidir sobre ter filhos, não devendo agir arbitrariamente, mas sim guiados pela consciência que se busca conformar à lei divina, sendo dóceis ao Magistério da Igreja que autenticamente a interpreta à luz do Evangelho. Os esposos cristãos dão glória ao Criador e caminham para a perfeição em Cristo quando procriam com responsabilidade generosa, humana e cristã. Há um apreço especial pelos que, de comum acordo, com prudência e grandeza de ânimo, educam uma prole numerosa. Ao mesmo tempo se reconhece o valor dos matrimônios em que não foi possível ter filhos. Também neles o amor mútuo dos esposos deve se exprimir convenientemente, aumentar e chegar à maturidade. Mesmo que faltem os filhos, tantas vezes ardentemente desejados, o matrimônio conserva seu valor e indissolubilidade, como comunidade e comunhão de toda a vida (n. 50). Portanto, a Igreja preza a paternidade e a maternidade responsáveis, e não defende a natalidade descontrolada. Ao mesmo tempo, estima a união dos casais que não puderam ter filhos, mas vivem as outras dimensões do matrimônio.

Na conciliação entre amor conjugal e transmissão responsável da vida, a moralidade do comportamento não depende apenas da sinceridade da intenção e da apreciação dos motivos; deve também se determinar por critérios objetivos, que dizem respeito à natureza da pessoa e dos seus atos; critérios que respeitem o sentido da mútua doação e da procriação humana, num contexto de autêntico amor. O aborto e o infanticídio são considerados crimes abomináveis. Na regulação dos nascimentos, não é lícito aos filhos da Igreja adotar caminhos reprovados pelo Magistério. A vida humana e a missão de transmiti-la não se limitam a este mundo nem podem ser compreendidas apenas em função dele, mas estão sempre relacionadas ao destino eterno do ser humano. Sobre a regulação dos nascimentos, certas questões requeriam pesquisas mais aprofundadas e foram confiadas pelo Papa a uma comissão específica. Após o término de seus trabalhos, o Papa se pronunciaria. Naquele momento o Concílio expressamente não quis propor soluções concretas (n. 51 e nota 14). Havia divergências, e a solução foi retirar o assunto da pauta conciliar para uma decisão papal posterior.

A família é, de certo modo, uma escola de valorização humana. Os filhos devem ser educados de modo que, ao chegar à idade adulta, possam seguir com inteira responsabilidade a sua vocação. Compete aos pais ou tutores guiar os jovens com conselhos prudentes, mas evitar cuidadosamente forçá-los, direta ou indiretamente, a casar-se ou a escolher o cônjuge. Aqueles que por infelicidade não se beneficiam de uma família devem ser convenientemente protegidos por meio de uma legislação previdente e com iniciativas várias. Os cristãos devem promover com empenho o bem do matrimônio e da família, com o testemunho da própria vida e cooperação com os homens de boa vontade. Para alcançar esse fim, muito ajudam o sentir cristão dos fiéis, a retidão de consciência moral dos homens e o saber dos que se dedicam às ciências sagradas. Os cientistas, especialmente das ciências biológicas, médicas, sociais e psicológicas, podem prestar um grande serviço para bem do matrimônio e da família se pesquisarem as condições que favorecem a honesta regulação da procriação humana (n. 52).

A EVOLUÇÃO HISTÓRICA

O ideal de matrimônio e de família, expresso no Concílio Vaticano II, tem uma longa história. Na Antiguidade romana, família designava o conjunto de propriedades de um homem, incluindo escravos e parentes. Família vem de *famulus*, que significa escravo doméstico. Na tradição judaico-cristã, a mulher era propriedade do marido ou do pai, assim como a casa, o escravo, o boi e o jumento (Ex 20,17). Um pai podia vender suas filhas como escravas (Ex 21,7). O matrimônio era um acordo entre chefes de família, prescindindo do consentimento dos cônjuges. O homem podia ter mais de uma esposa, como o patriarca Jacó, e a função dela era gerar descendentes para a família do marido. Caso a esposa ficasse viúva e sem filhos, ela teria de se casar com o cunhado para cumprir tal função (Dt 25,5-10). Com o tempo, o matrimônio foi se tornando monogâmico. Mesmo afirmando a dignidade do homem e da mulher, criados à imagem de Deus e redimidos por Cristo, o domínio masculino é nítido. O marido é a cabeça da mulher, como Cristo é a cabeça da Igreja (Ef 5,23). Esse domínio, porém, não deve ser arbitrário ou despótico, pois se espelha na autoridade de Cristo sobre a Igreja. Ele a amou e se entregou por ela (Ef 5,25). Cristo exerce sua autoridade na *diakonia*, no serviço: "[...] o Filho do Homem não veio para ser servido, mas para servir e dar a sua vida em resgate por muitos" (Mc 10,45).

Muito tempo depois, no século XII, surge, na cristandade ocidental, o direito eclesiástico, que inclui normas matrimoniais. Uma novidade sem precedentes é introduzida: o consentimento dos cônjuges como condição necessária para a validade do matrimônio. O consentimento podia ser dado tanto no futuro quanto no presente. Quando dado no futuro, chamava-se pacto nupcial, e o processo era conhecido como *sponsalia* ou esponsais. Os integrantes do casal tornavam-se cônjuges. Quando o consentimento era dado no presente, chamava-se matrimônio, e o processo era conhecido como *nuptialia* ou núpcias. Os integrantes do casal tornavam-se noivos. O primeiro intercurso sexual entre os cônjuges geralmente se dava após o pacto nupcial. Com muita frequência, sobretudo no campo, o casamento na Igreja era realizado quando a mulher ficava grávida, às vezes perto do final da gravidez. Em uma sociedade na qual a procriação era central para o matrimônio, o intercurso sexual testava a devida fertilidade.

Essa prática só muda após o Concílio de Trento. Para proibir o matrimônio clandestino, ninguém mais poderia alegar que o matrimônio era efetivado no pacto nupcial. Ele só poderia ser efetivado em uma cerimônia religiosa pública denominada casamento. O pacto nupcial perdeu seu caráter público e se tornou uma questão familiar interna, chamada noivado, um prelúdio ao matrimônio que não conferia aos seus integrantes os direitos matrimoniais, incluindo o intercurso sexual. Um casal de noivos jamais poderia ser confundido com um casal casado, que havia celebrado o casamento (SALZAMAN; LAWLER, 2012, p. 277-278).

A relação sexual entre pessoas casadas, embora lícita, conservava certa impureza. O catecismo do Concílio de Trento, no século XVI, estabelecia que, para receber a Eucaristia, um casal devia se abster temporariamente de sexo: "Requer ainda a dignidade de tão sublime Sacramento que as pessoas casadas se abstenham por alguns dias, a exemplo de David, que, antes de receber do sacerdote os pães de proposição, afiançou que ele e seus soldados, desde três dias, estavam longe das esposas (1Sm 21,5)" (*CATECISMO ROMANO*, 1951, 301-302). Essa impureza, que remete ao Antigo Testamento, também está na Lei de Moisés. Se um casal dorme junto e tem relações sexuais, ambos devem se lavar ritualmente e ficam impuros até a tarde do dia seguinte (Lv 15,18).

Os objetivos do matrimônio são hierarquizados, com a primazia da procriação. Conforme o *Código de Direito Canônico* de 1917, "o fim primário do matrimônio é a procriação e a educação da prole; seu fim secundário é a assistência mútua e o remédio para a concupiscência" (Cân. 1013,1 in SALZAMAN; LAWLER, 2012, p. 239).

O domínio masculino no matrimônio atravessou muitos séculos sem contestação. O Papa Leão XIII afirmou: "O marido é o chefe da família e a cabeça da mulher; e esta, portanto, porque é a carne da sua carne e os ossos dos seus ossos, não deve sujeitar-se a obedecer ao marido como escrava, mas como companheira". Consolidando com esse vínculo da caridade a sociedade doméstica, nela floresce o que Santo Agostinho chama a ordem do amor. Essa ordem implica a superioridade do marido sobre a mulher e os filhos, e a pronta sujeição e obediência da mulher. Se o homem é a cabeça, a mulher é o coração, como ensinou o Papa Pio XI. Se ele tem o primado do governo, ela deve se ocupar do amor. O modo de sujeição da mulher ao marido pode variar segundo a diversidade de pessoas, tempos e lugares. E mesmo se o homem faltar com seu dever na direção da família, compete à mulher supri-lo. Mas em nenhum tempo e lugar é lícito subverter ou prejudicar esta estrutura essencial da família e sua lei estabelecida por Deus (PIO XI, 1930, n. 10).

Na preparação do Concílio Vaticano II tentou-se ratificar a posição do *Código* de 1917 a respeito dos fins primários e dos fins secundários do matrimônio. Foi preparado um esquema pela Comissão Teológica, presidida pelo Cardeal Alfredo Ottaviani, então prefeito da Congregação do Santo Ofício. Nesse esquema afirmava-se a suposta "ordem objetiva que o próprio Deus desejava ao instituir o matrimônio" para se vencerem os "erros modernos que se espalharam por todos os lugares". Entre esses inúmeros erros estão "aquelas teorias que subvertem a ordem correta dos valores e tornam o fim primário do matrimônio inferior aos valores biológico e pessoal dos cônjuges e proclamam que o amor conjugal, por si só, constitui o fim primário na ordem objetiva" (*Acta...* in SALZAMAN; LAWLER, 2012, p. 71).

Já na própria Comissão o Cardeal Alfrink contestou o esquema, argumentando que o amor conjugal constitui um elemento do matrimônio por si só e não simplesmente um resultado do matrimônio. O amor conjugal pertence ao matrimônio desde que este não seja considerado um mero contrato jurídico. O Concílio rejeitou a hierarquia de fins do matrimônio, bem como o termo contrato, que foi substituído pela palavra bíblica aliança (*foedus*), a qual tem os mesmos resultados jurídicos que "contrato", mas situa o matrimônio em um contexto bíblico, teológico e interpessoal, e não tem uma conotação exclusivamente jurídica.

Aliança sugere a conexão com as alianças eternas entre Deus e Israel e entre Cristo e a Igreja. O emprego desse termo bíblico também leva em consideração as Igrejas orientais, para as quais o termo contrato suscita algumas dificuldades. O uso de aliança em vez de contrato deliberadamente retira o matrimônio de sua esfera jurídica tradicional e o situa na esfera do compromisso e da responsabilidade interpessoal, religiosa e fiel.

O *Código de Direito Canônico* de 1983 incorporou a mudança conciliar: "O pacto (*foedus*) matrimonial, pelo qual o homem e a mulher constituem entre si o consórcio de toda a vida, por sua índole natural ordenado ao bem dos cônjuges e à geração e educação da prole, entre batizados foi por Cristo Senhor elevado à dignidade de sacramento" (Cân. 1055 § 1). Não há especificação desses fins como "primário" ou "secundário". O bem dos cônjuges é mencionado antes da geração e da educação da prole. A Igreja Católica modificou a sua lei canônica para adequar-se à renovação teológica do matrimônio. O modelo anterior de matrimônio era uma instituição procriativa, na qual o intercurso sexual era uma ação primariamente com esse fim. O modelo pós-conciliar é uma união interpessoal, na qual o intercurso sexual é uma ação primariamente unitiva. O teólogo protestante Karl Barth certa vez lamentou que a doutrina cristã tradicional do matrimônio, tanto católica quanto protestante, situava-o em categorias jurídicas e não teológicas. A Igreja Católica corrigiu tal desequilíbrio com o Concílio (SALZAMAN; LAWLER, 2012, p. 72-75; 283).

O modelo patriarcal de família, com o domínio masculino, declinou em todo o mundo no século XX. A *Declaração Universal dos Direitos Humanos*, promulgada pela Organização das Nações Unidas em 1948, estabeleceu o livre consentimento dos cônjuges para contrair matrimônio, e também a igualdade de seus direitos nesta união (art. XVI). Por sua vez, a Igreja Católica, a partir do pontificado de João XXIII, considera a *Declaração* da ONU um ato de altíssima relevância e aprecia o ingresso da mulher na vida pública, bem como a sua reivindicação de paridade de fato e de direito com o homem (JOÃO XXIII, 1963, n. 41 e 140; e GS 9).

Dessa forma, de Trento ao Vaticano II consolidaram-se importantes mudanças com respeito ao matrimônio. As relações sexuais entre os cônjuges são puras e honestas, e não mais os afastam temporariamente da Eucaristia. A chefia do matrimônio é dividida igualmente entre homem e mulher, como ocorre na legislação civil de muitos países, do Brasil inclusive. Não há mais o domínio masculino sobre a mulher. A ideia de contrato matrimonial é substituída pela ideia de aliança, com seu componente interpessoal e teológico. E os fins do matrimônio não são mais hierarquizados, mas passam a ter o mesmo valor.

A tarefa de dirimir as questões sobre a regulação dos nascimentos foi feita depois do Vaticano II. Até então, havia na tradição cristã uma forte primazia da procriação na vida conjugal e no intercurso sexual. Na Antiguidade greco-romana, os estoicos só aceitavam as relações sexuais dentro do matrimônio e em vista da procriação. O autor cristão africano Lactâncio afirmava que Deus nos deu as partes genitais do corpo exclusivamente para a geração de descendentes, como o próprio nome indica. Essa mentalidade prevaleceu por muitos séculos. Entretanto, em 1880 a Cúria Romana afirmou que é lícito o ato sexual nos dias em que a concepção é mais difícil. O uso de períodos infecundos pode ser sugerido aos esposos para afastá-los do "detestável crime do onanismo", que é o coito interrompido para fins de controle da natalidade (DENZIGER, 2007, n. 3148). A abstinência sexual nos períodos fecundos torna-se legítima para esse controle, mas é imoral realizar o ato sexual impedindo a procriação.

Em 1930, Pio XI ratifica essa posição evocando um comentário de Santo Agostinho ao relato bíblico de Onã, filho do patriarca Judá que praticou o coito interrompido. Por desperdiçar o sêmen, ele foi castigado por Deus com a morte (Gn 38,8-10). Agostinho adverte: "[...] mesmo com a mulher legítima, o ato matrimonial é ilícito e desonesto quando se evita a concepção da prole. Assim fazia Onã, filho de Judá, e por isso Deus o matou". O Papa, por sua vez, reitera a advertência: "[...] qualquer uso do matrimônio em que, pela malícia humana, o ato for destituído da sua natural força procriadora, infringe a lei de Deus e da natureza, e aqueles que ousarem cometer tais ações tornam-se réus de culpa grave" (PIO XI, 1930, n. 20-21). Seu sucessor, Pio XII, considera tal lei algo perene: "[...] essa prescrição está em pleno vigor hoje como ontem, e ainda o estará amanhã e sempre" (1952, n. 24 e 25).

Em 1968, Paulo VI publicou a encíclica *Humanae Vitae* (HV). Ele mantém a posição do Magistério da Igreja em tal questão e não ousa distanciar-se dela. Os atos conjugais não deixam de ser legítimos se se prevê que vão ser infecundos, mas devem permanecer abertos à transmissão da vida, excluindo a esterilização direta e toda a ação que tornar impossível a procriação (HV 11 e 14). Esse juízo, porém, é questionado pela maioria dos fiéis católicos e por um número considerável de teólogos, para os quais, com o restabelecimento da finalidade relacional do matrimônio e do intercurso sexual pelo Concílio, o juízo sobre a moralidade do ato sexual deveria ser elaborado não com base no ato, mas no lugar do ato em seu contexto relacional. Algumas conferências episcopais chegaram a afirmar que, em caso de conflitos conjugais decorrentes da aplicação da encíclica, os fiéis devem seguir sua própria consciência.

NOVOS DESAFIOS

A *Gaudium et Spes* impele a Igreja a compartilhar as alegrias e as esperanças, as tristezas e as angústias do homem contemporâneo. E exorta-a ao diálogo permanente com as culturas, sensível aos sinais dos tempos, em vista da evangelização. Nesse mesmo espírito, o Papa Francisco leva a peito um programa de evangelizar, encorajando a Igreja a sair de si mesma para ir às periferias existenciais: ao encontro dos pobres e dos que sofrem com as diversas formas de injustiça, conflitos e carências. Quando a Igreja não sai de si mesma, torna-se autorreferencial, ensimesmada, então adoece.

Muito contribuem para esse programa a sua exortação *A Alegria do Evangelho* [*Evangelii Gaudium* (EG)] e a convocação do Sínodo dos Bispos sobre a Família. A mensagem cristã no campo da sexualidade e da família tem uma grandeza e uma beleza inegáveis, mas também problemas e questionamentos inevitáveis. Ao convocar o Sínodo, o Papa Francisco enviou a todas as dioceses do mundo um documento preparatório com trinta e nove perguntas a fim de conhecer melhor tal realidade. Sabe-se que há uma notável disparidade entre a doutrina da Igreja e a vida da imensa maioria dos fiéis. É preciso um debate amplo e aberto, aliado à sensibilidade pastoral, para se enfrentar adequadamente essa realidade. A assembleia do Sínodo ocorreu em 2015, e em 2016 foi publicada a exortação pós-sinodal sobre o amor na família *Amoris Laetitia*.

O modelo de família apresentado pela Igreja continua sendo a instituição fundada sobre a união indissolúvel e exclusiva entre um homem e uma mulher. O seu exemplo mais inspirador é a Sagrada Família: Jesus, Maria e José. A família é uma fonte de vida para a pastoral da Igreja. A tarefa primária da instituição familiar é o anúncio da beleza da vocação para o amor, que é também muito benéfica para a sociedade. A Igreja deve colaborar para que se anuncie a beleza do amor familiar. A pedagogia sugerida na preparação para o matrimônio é propor, não impor; acompanhar, não impelir; convidar, não expulsar; e inquietar, nunca desiludir.

A *Gaudium et Spes* afirmou que os que não vivem no modelo de família ensinado pela Igreja também devem ser convenientemente protegidos, por meio de legislação e de iniciativas diversas. No processo de preparação do Sínodo tem-se tratado das várias situações familiares contemporâneas, como as convivências, as uniões de fato, os separados, os divorciados recasados, os sozinhos, as mães solteiras, as situações de irregularidade canônica e o acesso aos sacramentos, as uniões entre pessoas do mesmo sexo e a transmissão da fé às crianças que vivem nessas uniões (SÍNODO DOS BISPOS, 2014).

Nos âmbitos local e regional há iniciativas importantes em favor da abertura ao outro e da acolhida. A CNBB traz uma proposta renovadora às paróquias com relação às novas situações familiares. Reconhece que nas paróquias participam pessoas unidas sem o vínculo sacramental, e outras em segunda união. Há também as que vivem sozinhas sustentando os filhos, avós que criam netos, tios que sustentam sobrinhos. Há crianças adotadas por pessoas solteiras ou do mesmo sexo, que vivem em união estável. A Igreja, que é família de Cristo, precisa acolher com amor todos os seus filhos. Conservando o ensinamento cristão sobre a família, é necessário usar de misericórdia. Constata-se que muitos se afastaram e continuam se afastando das comunidades porque se sentiram rejeitados, porque a primeira orientação que receberam consistia em proibições e não em viver a fé em meio à dificuldade. Na renovação paroquial deve haver conversão pastoral para não se esvaziar a Boa-Nova anunciada pela Igreja e, ao mesmo tempo, não se deve deixar de atender as novas situações da vida familiar. "Acolher, orientar e incluir" nas comunidades os que vivem em outras configurações familiares são desafios inadiáveis (CNBB, 2014, n. 217-218).

Essa moral matizada encontra amplo apoio no ensinamento do Papa Francisco sobre o bem possível. Sem diminuir o valor do ideal evangélico, é preciso acompanhar, com misericórdia e paciência, as possíveis etapas de crescimento das pessoas, que vão se construindo no dia a dia. Um pequeno passo no meio de grandes limitações humanas pode ser mais agradável a Deus do que uma vida externamente correta de quem não enfrenta maiores dificuldades. A consolação e a força do amor salvador de Deus devem chegar a todos. Deus opera misteriosamente em cada pessoa, para além dos seus defeitos e das suas quedas. Um coração missionário não renuncia ao bem possível, ainda que corra o risco de sujar-se com a lama da estrada (EG 44-45).

A Igreja é chamada a ser sempre a casa aberta do Pai, onde há lugar para todos os que enfrentam fadigas em suas vidas. Todos podem participar da vida eclesial e fazer parte da comunidade. As portas dos sacramentos não devem se fechar por qualquer razão, a começar pelo primeiro: o Batismo. A Eucaristia, plenitude da vida sacramental, não é um prêmio para os perfeitos, mas um remédio generoso e um alimento para os que necessitam. Isso tem consequências pastorais a serem consideradas com prudência e audácia. Muitas vezes, alerta o Papa, agimos como controladores da graça e não como facilitadores. Mas a Igreja não é uma alfândega, é a casa paterna (EG 47).

O Papa dá um exemplo da relação entre o ideal evangélico e o bem possível elogiando a mulher paraguaia, que ele considera "a mais gloriosa da América Latina". Isso porque, após a Guerra do Paraguai (1864-1870), sobraram oito mulheres para cada homem, e essas mulheres fizeram uma escolha difícil e arriscada: ter filhos para salvar a pátria, a cultura, a fé e a língua (FRANCISCO, 2013a). O Papa elogia nada menos do que uma prática extramatrimonial de fecundação, hoje chamada produção independente. Uma prática que foi feita em escala nacional em uma circunstância extrema. Essas mulheres são mais gloriosas do que todas as outras, incluindo as que vivem no modelo tradicional de família. Com isso Francisco não contraria a moral católica nem o apreço pelo matrimônio, mas mostra corajosamente o amplo alcance do caminho gradual na aplicação da lei moral (LIMA, 2014, p. 247-248). Há uma lei da gradualidade, que já ensinava João Paulo II (CIC, 1997, § 2343).

Há também contribuições importantes a respeito de *gays* e transexuais. O Papa declarou que, se uma pessoa é *gay*, busca a Deus e tem boa vontade, não cabe a ele julgá-la (FRANCISCO, 2013a). E que não se deve marginalizar as pessoas por isso, mas integrá-las na sociedade. No início de 2015, o Papa deu um belo exemplo dessa integração ao receber em sua casa o transexual espanhol Diego Neria Lejárraga e sua companheira. São gestos e palavras assim que tornam a Igreja a casa aberta do Pai, onde há lugar para todos os que enfrentam fadigas em suas vidas.

Para se avançar nas questões morais, convém observar a notável diferença entre o ensinamento da Igreja no campo social e o ensinamento no campo sexual e familiar. No primeiro, há clareza de princípios e uma ampla margem reservada aos fiéis nas mediações concretas e opções.

No segundo, há clareza de princípios junto com uma forte vinculação às mediações concretas e às opções exigidas dos fiéis (CALVEZ, 1993, p. 641-650).

O ensinamento social nasceu do encontro da mensagem evangélica e de suas exigências, resumidas no mandamento supremo do amor, com os problemas que emanam da vida em sociedade. Tal ensinamento usa os recursos da sabedoria e das ciências humanas, diz respeito ao aspecto ético da vida social e leva em consideração os aspectos técnicos dos problemas. Voltado para a ação, esse ensinamento se desenvolve em circunstâncias mutáveis da história. Ele possui princípios sempre válidos, mas comporta juízos contingentes. Longe de constituir um sistema fechado, ele permanece constantemente aberto às questões novas que sempre se apresentam, e requer a contribuição de todos os carismas, experiências e competências. Em sua doutrina social, a Igreja quer oferecer princípios de reflexão, critérios de julgamento e diretrizes de ação para que sejam realizadas as mudanças profundas que as situações de miséria e de injustiça exigem, servindo ao bem dos seres humanos (CDF, 1986, n. 72). O que muitos desejam hoje no campo da sexualidade também é um sistema aberto às questões novas, capaz de receber a contribuição de todos os carismas, experiências e competências, em vista do cumprimento do mandamento supremo do amor.

A tradição é um valor precioso para a Igreja, pois ela vive do legado espiritual e institucional deixado por Cristo e pelos apóstolos, que é cultivado, aprofundado e desenvolvido com o auxílio do Espírito Santo. Joseph Ratzinger certa vez afirmou:

> Nem tudo o que existe na Igreja deve, por esta razão, ser também uma tradição legítima; em outras palavras, nem toda tradição que surge na Igreja é uma celebração verdadeira e mantém presente o mistério de Cristo. Existe uma tradição distorcida, assim como uma legítima, [...] [e] [...] consequentemente, a tradição não deve ser considerada apenas de modo confirmativo, mas também de modo crítico (RATZINGER, 1969, p. 185).

É preciso ter um justo discernimento em relação à tradição. Um dos teólogos do Concílio, Yves Congar, dizia que a única maneira de dizer a mesma coisa em um contexto que mudou é dizê-la de modo diferente (1984, p. 6). A tradição tem uma dialética de conservação e mudança a fim de que seus conteúdos sejam inteligíveis e relevantes em novos contextos. Nada lhe é mais estranho do que o fixismo que recusa qualquer mudança, como se estivesse diante de um fóssil em um museu de história natural. Tradição não é tradicionalismo. Este é um equívoco que a conduz à ruína. Como um rio que recebe afluentes de sua bacia hidrográfica e se torna mais caudaloso, a tradição cristã atravessa os séculos interagindo com novas culturas e contextos, onde a Igreja deve interpretar os sinais dos tempos à luz da Palavra de Deus. Só assim a sua mensagem pode ser sempre Boa-Nova, que cura feridas e aquece corações, e não um anacronismo estéril.

Ao abrir o Concílio Vaticano II, o Papa João XXIII fez um alerta enérgico contra os profetas da catástrofe, que só viam prevaricação e ruína, sempre anunciando acontecimentos infelizes, como se o fim do mundo fosse iminente. Ao contrário disso, asseverou o Papa, na ordem então presente das coisas, a Providência Divina, na sua misericórdia, nos elevava para uma ordem de relações humanas que, por obra dos homens e muitas vezes para além do que eles esperam, se encaminhava para o cumprimento dos inesperados e superiores desígnios divinos. E tudo, mesmo as adversidades humanas, convergia para o bem da Igreja (JOÃO XXIII, 1962).

Também hoje não faltam profetas da desgraça, que veem nas novas configurações familiares o fim da família e da civilização. Para eles, tudo é ameaça. Só resta à Igreja reiterar dogmas, preceitos e proibições, condenando com veemência todos os que vivem em tais situações ou pensam diferente. Ao contrário deles, o Papa Francisco reitera a advertência de João XXIII e afirma que o olhar de quem crê é capaz de reconhecer a luz do Espírito Santo sempre irradiando no meio da escuridão. A nossa fé é desafiada a entrever o vinho em que a água pode ser transformada, e a descobrir o trigo que cresce no meio do joio (EG 84).

CONSIDERAÇÕES FINAIS

Tomando como modelo a Sagrada Família – Jesus, Maria e José –, convém refletir sobre a genealogia de Jesus, apresentada nos Evangelhos. No mundo bíblico, enunciar a filiação era a marca da identidade, como, por exemplo: Josué, filho de Nun; Simão, filho de Jonas; e Tiago e João, filhos de Zebedeu. Duas genealogias de Jesus são apresentadas: a de Mateus (1,1-17) e a de Lucas (3,23-38). A linhagem é toda masculina, conforme o caráter patriarcal da sociedade. Em Lucas, a lista de antepassados de Jesus vai até Adão, o primeiro homem e antepassado de todos os seres humanos, dando um sentido universal à futura missão de Jesus. Em Mateus, a lista vai até Abraão, como no início se anuncia:

"Genealogia de Jesus Cristo, filho de Davi, filho de Abraão". Com isso Jesus se vincula à realeza davídica e ao patriarca dos hebreus e pai dos crentes, Abraão, numa linhagem que passa pelo exílio da Babilônia. Apesar de as duas genealogias apresentarem a linhagem paterna, elas estão longe de coincidirem. Os Evangelhos são gêneros literários que comunicam uma mensagem de salvação, sem compromisso com a absoluta exatidão dos fatos.

Há algo bem original na genealogia de Mateus. Ele menciona quatro mulheres. Não precisaria mencioná-las, como Lucas não o fez. As quatro mulheres mencionadas por Mateus poderiam ser as chamadas "quatro mães de Israel": Sara, Rebeca, Lia e Raquel – esposas dos patriarcas Abraão, Isaac e Jacó, respectivamente. Mas não. São mencionadas Tamar, Raab, Rute e 'a que fora mulher de Urias' (Betsabeia). Quem são essas mulheres?

Tamar foi casada com Onã, que, por praticar coito interrompido e desperdiçar o sêmen, foi castigado por Deus com a morte. Segundo a lei, Tamar deveria se casar com um irmão de Onã, para gerar descendentes na família de seu marido falecido. Mas seu sogro, o patriarca Judá, não lhe deu seu filho Sela, com quem ela deveria se casar. Tamar disfarçou-se de prostituta e seduziu seu sogro, ficando grávida dele. Depois que toda a história veio à tona, Judá reconheceu: "Ela é mais justa do que eu, pois eu não a dei ao meu filho Sela" (Gn 38,26).

Raab era prostituta em Jericó e protegeu os espiões de Josué. Quando a cidade foi tomada pelos israelitas, seus habitantes foram dizimados, mas Raab e sua família foram poupados em retribuição à sua colaboração, decisiva para a vitória israelita. Rute era estrangeira, uma ameaça ao povo hebreu pelo perigo dos casamentos mistos e dos costumes pagãos (Sl 106,34-41). A mulher de Urias foi a pessoa com quem Davi cometeu adultério. Ela engravidou, e depois disso Davi tramou a morte do seu marido.

Dessa forma, Mateus nos apresenta Jesus, filho de Davi e filho de Abraão, como filho de Tamar, de Raab, de Rute e de Betsabeia; alguém que se prostituiu, uma prostituta, uma estrangeira e alguém que cometeu adultério. Com isso Mateus prepara o leitor para o que dirá em seguida: "Sua mãe, Maria, estava prometida a José, e antes do matrimônio engravidou por obra do Espírito Santo" (1,18). Portanto, Deus é surpreendente e desconcertante. Da longa saga de Israel, com suas grandezas e misérias, Deus fez nascer o messias, servindo-se das mais diversas situações humanas e familiares.

O povo messiânico, que é a Igreja, tem a missão de levar a Boa-Nova também ao âmbito do matrimônio e da família. Pode fazê-lo com a ajuda divina, dirigindo ao Senhor a Oração Eucarística (VI-C) inspirada na *Gaudium et Spes*:

> Pai Santo [...] fazei que todos os membros da Igreja, à luz da fé, saibam reconhecer os sinais dos tempos e empenhem-se, de verdade, no serviço do Evangelho. Tornai-nos abertos e disponíveis para todos, para que possamos partilhar as dores e as angústias, as alegrias e as esperanças, e andar juntos no caminho do vosso reino.

BIBLIOGRAFIA

Acta e documenta Concilio Vaticano II Apparando: Series II (Praeparatoria), vol. 2, pars III, 937, 910 n. 16, 917 50. In: SALZAMAN, T. A.; LAWLER, M. G. *A pessoa sexual;* por uma antropologia católica renovada. São Leopoldo: Unisinos, 2012.

CALVEZ, Jean-Yves. Morale sociale et morale sexuelle. *Études* 3785 (1993) 641-650.

CATECISMO DA IGREJA CATÓLICA (CIC). Roma, 1997. Disponível em: < http://www.vatican.va/archive/cathechism_po/index_new/prima-pagina-cic_po.html >. Acesso em: 15 mar. 2015.

CATECISMO ROMANO (1566). Petrópolis: Vozes, 1951.

CÓDIGO DE DIREITO CANÔNICO. São Paulo: Loyola, 1987.

CONGAR, Yves-Marie. *La Tradition et la vie de l'Église.* Paris: Cerf, 1984.

CONCÍLIO VATICANO II. Constituição pastoral *Gaudium et Spes;* sobre a igreja no mundo atual. Roma, 1965. Disponível em: < http://www.vatican.va/archive/hist_councils/ii_vatican_council/documents/vat-ii_const_19651207_gaudium-et-spes_po.html >. Acesso em: 15 mar. 2015.

CONFERÊNCIA NACIONAL DOS BISPOS DO BRASIL (CNBB). *Comunidade de comunidades;* uma nova paróquia. Brasília, CNBB, 2014.

CONGREGAÇÃO PARA A DOUTRINA DA FÉ (CDF). Instrução *Libertatis conscientia;* sobre a liberdade cristã e a libertação. Roma, 1986. Disponível em: < http://www.vatican.va/roman_curia/congregations/cfaith/documents/rc_con_cfaith_doc_19860322_freedom-liberation_po.html >. Acesso em: 15 mar. 2015.

DENZIGER, Heinrich; HÜNERMANN, Peter. *Compêndio dos símbolos, definições e declarações de fé e moral.* São Paulo: Paulinas/Loyola, 2007.

FRANCISCO. Encontro do Santo Padre com os jornalistas durante o voo de regresso. 28 jul. 2013a. Disponível em: < https://w2.vatican.va/content/francesco/pt/speeches/2013/july/documents/papa-francesco_20130728_gmg-conferenza-stampa.html >. Acesso em: 31 jul. 2013.

_____. Exortação apostólica *Evangelii Gaudium* (EG). Roma, 2013b. Disponível em: < https://w2.vatican.va/content/francesco/pt/apost_exhortations/documents/papa-francesco_esortazione-ap_20131124_evangelii-gaudium.html >. Acesso em: 15 mar. 2015.

JOÃO XXIII. *Discurso de sua santidade o Papa João XXIII na abertura solene do SS. Concílio.* Roma, 11 out. 1962. Disponível em: < https://w2.vatican.va/content/john-xxiii/pt/speeches/1962/documents/hf_j-xxiii_spe_19621011_opening-council.html >. Acesso em: 12 mar. 2014.

_____. Carta encíclica *Pacem in Terris.* Roma, 1963. Disponível em: < http://w2.vatican.va/content/john-xxiii/pt/encyclicals/documents/hf_j-xxiii_enc_11041963_pacem.html >. Acesso em: 15 mar. 2015.

LIMA, L. C. *Evangelii Gaudium*: contribuições para as questões contemporâneas. In: AMADO, J. P.; FERNANDES, L. A. (orgs.). *"Evangelii Gaudium" em questão;* aspectos bíblicos, teológicos e pastorais. São Paulo/Rio de Janeiro: Paulinas/PUC-Rio, 2014. p. 245-250.

PAULO VI. Carta encíclica *Humanae Vitae;* sobre a regulação da natalidade. Roma, 1968. Disponível em: < http://w2.vatican.va/content/paul-vi/pt/encyclicals/documents/hf_p-vi_enc_25071968_humanae-vitae.html >. Acesso em: 15 mar. 2015.

PIO XI. Carta encíclica *Casti Connubii;* sobre el matrimonio cristiano. Roma, 1930. Disponível em: < http://w2.vatican.va/content/pius-xi/es/encyclicals/documents/hf_p-xi_enc_19301231_casti-connubii.html >. Acesso em: 9 mar. 2015.

PIO XII. *Sobre o apostolado das parteiras;* questões morais de vida conjugal. Petrópolis: Vozes, 1952. Documentos Pontifícios, n. 82.

RATZINGER, J. The transmission of Divine Revelation. In: VORGRIMLER, H. (org.). *Commentary on the Documenta of Vatican II.* New York: Herder and Herder, 1969. vol. 3.

SALZAMAN, T. A.; LAWLER, M. G. *A pessoa sexual;* por uma antropologia católica renovada. São Leopoldo: Unisinos, 2012.

SÍNODO DOS BISPOS. *Os desafios pastorais da família no contexto da evangelização: "instrumentum laboris"*. Vaticano, 2014. < http://www.vatican.va/roman_curia/synod/documents/rc_synod_doc_20140626_instrumentum-laboris-familia_po.html >. Acesso em: 15 mar. 2015.

TER EM VISTA O SER HUMANO: A *GAUDIUM ET SPES* E O DIÁLOGO ECUMÊNICO

Maria Teresa de Freitas Cardoso

INTRODUÇÃO

Ter em vista o ser humano. Esse tema é uma ênfase que desejamos dar para algumas considerações sobre a constituição pastoral *Gaudium et Spes* (GS), do Concílio Vaticano II, nesse seu aniversário de cinquenta anos. Essa ideia marca seus princípios doutrinais, pastorais e ecumênicos.

Por ocasião do Concílio Vaticano II, Paulo VI, enquanto dava continuidade ao Concílio, preparava a Igreja para participar mais desse evento da Igreja. Escreveu em sua primeira encíclica, programática, a *Ecclesiam Suam* (ES), sobre a importância de a Igreja ter uma renovada consciência da própria identidade e missão, e buscar uma renovação. Ele propunha o diálogo, que era já um tema conciliar. O diálogo implica uma aproximação das pessoas. Paulo VI falou na encíclica em vários círculos de diálogo. Assim se prepara a *Gaudium et Spes*. Com o auxílio inicial da *Ecclesiam Suam*, partiremos para as considerações da *Gaudium et Spes* e seus diálogos.

Nossas considerações retornam à importância de olhar para o ser humano. Pensamos que os diálogos ecumênicos e inter-religiosos ou os diálogos com todos os que aceitem a busca do bem podem retomar ou prosseguir atitude fundamental da *Gaudium et Spes*, tendo em vista o ser humano, os valores humanos, uma sociedade mais humana.

1. UMA PREPARAÇÃO NA *ECCLESIAM SUAM*

As investigações sobre a preparação da *Gaudium et Spes* poderiam verificar, com proveito, as intenções do Concílio, a sua reflexão sobre a Igreja e sobre a relação da Igreja com o mundo, a história do texto, as contribuições diversas que integraram um documento tão vasto e precioso. Neste breve estudo observamos por um momento alguns dados da *Ecclesiam Suam*, de Paulo VI. O Papa procurava preparar os ânimos de todos na Igreja para a participação no espírito do Concílio. Orientava sobre reformas. Propunha diálogos. Falava da Igreja aproximando-se do ser humano de seu tempo.

O Papa propunha renovada consciência da própria identidade da Igreja, na sua relação com Cristo e na sua missão. A Igreja deve procurar configurar-se com o seu modelo, e para isso deve renovar-se sempre. Para cumprir sua missão hoje, ele apresentava o caminho do diálogo. A Igreja deve aproximar-se do mundo. A Igreja deve dialogar com as pessoas.

Paulo VI pensava na aproximação Igreja-sociedade humana: "[...] que ambas se encontrem, conheçam e amem". (ES 1). Para tanto ele manifestava que "alguns pensamentos [...] pareceram úteis como orientação prática" (n. 1). Não pretendia dizer o que cabia ao Concílio pronunciar. O Papa explicava: "[...] esta nossa despretensiosa conversação epistolar não deve perturbar a sua obra, mas sim honrá-la e dar-lhe novo ânimo. Nem quer esta nossa Encíclica [...] propor ensinamentos determinados [...] Só desejamos [...] dar maior coesão e maior alegria à comunhão de fé e de caridade [...] contribuir melhor para a celebração frutuosa do Concílio Ecumênico" (n. 2). Essa frutificação viria de um crescimento na comunhão e pela pastoral voltada para o serviço da Igreja no mundo, vivendo "amorosa de todos os homens e medianeira de salvação" (Prólogo).

A encíclica propunha "a Igreja aprofundar a consciência de si mesma, meditar sobre o seu mistério [...] a sua origem, natureza, missão e destino" (n. 3). Daí viria "a necessidade nobre e quase impaciente de se renovar" (n. 4), de perguntar-se pelas "relações que a Igreja deve hoje estabelecer com o mundo que a circunda" (n. 5).

Um ponto fundamental na encíclica para preparar a leitura da *Gaudium et Spes* é a valorização do ser humano. A Igreja deve ser fiel a si mesma e viver seu mistério e seu apostolado no mundo, aproximando-se das pessoas de seu tempo e solidarizando-se com todas elas. O Papa recorda algumas imagens da Igreja e algumas realidades cristãs básicas, entre as quais o batismo. Este corrobora a dignidade da pessoa. Com o batismo a pessoa "nada perde do que é humano", exceto a condição que herdara de pecado; o ser humano ainda fica "habilitado a valorizar e utilizar do melhor modo tudo quanto é humano" (ES 18).

A Igreja deve aperfeiçoar a consciência de si mesma em vista da "relação nova e vital [...] entre Deus e o homem" (n. 8). A Igreja "precisa refletir sobre si mesma; precisa sentir-se viver". Para isso, "oferecer ao mundo a sua mensagem de fraternidade e salvação" (n. 10). Ela "está mergulhada na humanidade, dela faz parte" (Ibid.). Por isso, está envolvida se "a humanidade no tempo atual está em vias de grandes transformações, abalos e progressos" (Ibid.). Então, é preciso prudência e discernimento, é preciso a Igreja "buscar a verdade" (n. 11) e corresponder aos "deveres de nossa missão e às necessidades dos homens" (n. 13). A Igreja deve viver sua própria "relação vital com Cristo". Cabe redescobrir as imagens bíblicas da Igreja (n. 16-17). Valorizar o batismo, com a valorização "de tudo quanto é humano" (n. 18).

Na renovação, o Papa fala de uma "atualização", que "abre à santidade novos caminhos, incita o amor a tornar-se fecundo" (n. 21). Trata-se de a Igreja rejuvenescer (n. 24), não de conformismo ao mundo, mas com a comunicação da caridade fraterna e da mensagem de salvação (n. 28). No espírito da pobreza evangélica. No primado da caridade.

A *Ecclesiam Suam* leva-nos à aproximação do mundo e aos diálogos. A caridade se faz com a aproximação e o diálogo: "A esse impulso da caridade, que tende a fazer-se dom exterior, daremos o nome, hoje comum, de diálogo" (n. 37). A partir daí se acentua a importância de se aproximar do mundo e de fazer o diálogo: "A Igreja deve entrar em diálogo com o mundo em que vive. A Igreja faz-se palavra, faz-se mensagem, faz-se colóquio" (n. 38).

Se a revelação de Deus aos homens deve ser imaginada como diálogo (n. 41), deve-se ver nesse diálogo que Deus quer ser conhecido como Amor (n. 41). Para o diálogo no amor, um dos pontos importantes é "auscultar a voz e mesmo o coração do homem, compreendê-lo e, na medida do possível, respeitá-lo" (n. 49). O clima deve ser a "amizade"; ou melhor, o "serviço" (Ibid.).

São apontados vários círculos concêntricos de diálogo a empreender: o diálogo com "a humanidade toda, o mundo"; o diálogo com "os crentes"; o diálogo com "os cristãos"; o diálogo dentro "da Igreja Católica".

São tantos os valores cristãos e humanos que podem ser promovidos nos diálogos!

Com a *Gaudium et Spes* vemos a Igreja buscar a aproximação aos seres humanos, o serviço aos seres humanos e a busca dos diálogos.

2. A *GAUDIUM ET SPES* SOLIDARIZA-SE COM O SER HUMANO E DISPÕE-SE AO DIÁLOGO E AO SERVIÇO

Aproximar-se de todos os seres humanos é a intenção da Igreja na *Gaudium et Spes*:

> As alegrias e as esperanças, as tristezas e as angústias dos homens de hoje, sobretudo dos pobres e de todos os que sofrem, são também as alegrias e as esperanças, as tristezas e as angústias dos discípulos de Cristo. Não se encontra nada verdadeiramente humano que não lhes ressoe no coração (GS 1).

A solidariedade fica explicitada no mesmo primeiro parágrafo: "Portanto, a comunidade cristã se sente verdadeiramente solidária com o gênero humano e com sua história".

A constituição tem aspectos doutrinais e pastorais. Entre os primeiros, contempla a dignidade do ser humano como imagem de Deus. Para a pastoral, considera o ser humano como indivíduo e como ser social. Quer o serviço ao bem e à realização do ser humano e da comunidade humana: trata-se de viver e demonstrar "solidariedade, respeito e amor por toda a família humana" (n. 3).

Para isso o Concílio quis testemunhar e expor "a fé de todo o Povo de Deus congregado por Cristo", povo que pertence à família humana, e quis trazer a essa família humana toda a contribuição que a Igreja tem a oferecer, procurando fazer isso em clima de diálogo:

> [...] estabelecendo com ela um diálogo sobre aqueles vários problemas, iluminando-os à luz tirada do Evangelho e fornecendo ao gênero humano os recursos de salvação que a própria Igreja, conduzida pelo Espírito Santo, recebe de seu Fundador (n. 3).

Nesse diálogo a Igreja pensa principalmente no ser humano: na dignidade da pessoa humana, na vocação da pessoa humana, na salvação da pessoa humana, na renovação da sociedade humana e, finalmente, na fraternidade universal:

É a pessoa humana que deve ser salva. É a sociedade humana que deve ser renovada. É, portanto, o homem considerado em sua unidade e totalidade, corpo e alma, coração e consciência, inteligência e vontade, que será o eixo de toda a nossa explanação [...] Por isso, proclamando a vocação altíssima do homem [...] [o concílio] oferece ao gênero humano a colaboração sincera da Igreja para o estabelecimento de uma fraternidade universal que corresponda a esta vocação (n. 3).

O diálogo é uma chave fundamental de compreensão da constituição *Gaudium et Spes* e do próprio Concílio Vaticano II. E se no Concílio o tema principal da *Gaudium et Spes* é a relação da Igreja com o mundo atual, então, como observa G. Hackmann, "a categoria do diálogo fornece a chave para a elaboração e para a compreensão do texto. Como tal, ela é a magna carta do diálogo entre a Igreja e o mundo" (HACKMANN, p. 669).

A *Gaudium et Spes* assume esse diálogo. O documento tratou primeiro particularmente da dignidade humana e da comunidade humana, além da atividade humana. Depois passou a tratar da Igreja na sua relação com o mundo:

> Tudo o que temos dito sobre a dignidade da pessoa humana, sobre a comunidade dos homens e sobre o significado último da atividade humana constitui o fundamento das relações entre a Igreja e o mundo e também a base de seu diálogo mútuo. Por isso, neste capítulo, pressupondo tudo o que já foi publicado por este Concílio sobre o mistério da Igreja, a mesma Igreja vai ser considerada agora enquanto ela existe neste mundo e com ele vive e age (n. 40).

Outro aspecto fundamental é o propósito do serviço. Em tudo isso que a Igreja se empenha, é no sentido de querer seguir o exemplo de Cristo, que veio "para salvar e não para condenar, para servir e não para ser servido" (n. 3). A *Gaudium et Spes*, assim, se compreende como diálogo sobre o ser humano e a sociedade humana, para o seu serviço. A constituição, no início (n. 3) e sobretudo no final (n. 93), convoca os fiéis para o serviço, mostrando que eles deveriam desejar ardentemente prestar o seu serviço para as pessoas:

> Lembrados da palavra do Senhor: "Nisto todos conhecerão que sois meus discípulos, se vos amardes uns aos outros" (Jo 13,35), os cristãos nada podem desejar mais ardentemente do que prestar serviço aos homens do mundo de hoje, com generosidade sempre maior e mais eficaz (n. 93).

No intuito de prestar esse serviço, a Igreja, na *Gaudium et Spes*, aproximou-se do ser humano de seu tempo. Importaria descobrir hoje os caminhos para o encontro, o diálogo, o serviço. As questões do ser humano e da sociedade mais humana, do diálogo e do serviço são, sem sombra de dúvida, muito atuais.

A *Gaudium et Spes* foi, no seu momento histórico, uma realização totalmente nova da Igreja na sua relação com todas as pessoas e com a sociedade. Mais que um documento, é um evento marcadamente dialogal. E que nos chama a estar no mundo com diálogo.

3. A *GAUDIUM ET SPES* SIGNIFICA UMA ATITUDE DE ABERTURA PASTORAL E ECUMÊNICA

A *Gaudium et Spes* tem suas intuições pastorais. Por seu caráter de diálogo, por seu significado pastoral, e porque reúne aspectos doutrinais em relação com várias questões da realidade humana, tendo em conta o ser humano na sua dignidade pessoal e nas suas relações sociais e levantando vários problemas concretos atuais, a *Gaudium et Spes* abre um caminho. Aproxima riquezas da revelação cristã; retoma a vocação da Igreja em relação com seu mistério e seu serviço; valoriza a pessoa humana e procura as relações dos cristãos e da Igreja com o mundo contemporâneo. Faz ver que a espiritualidade cristã deve ser vivida no mundo e se envolve com as realidades terrestres, fazendo que sejam compenetradas de sentido e orientação.

O Concílio considerou as duas perspectivas: da Igreja *ad intra* e da Igreja *ad extra*, conforme sugeriu o Cardeal Suenens, da Bélgica, no fim da primeira sessão do Concílio, em 4 de dezembro de 1962. Mais tarde, o Cardeal Doepfner, de Munique, considera o texto "a mais brilhante obra pastoral do Concílio" e B. Kloppenburg, como importante cronista do Concílio, comentaria que para esse documento "muitas intervenções foram ouvidas, e foram certamente as mais revolucionárias do Concílio" (LORSCHEITER, 2005, p. 713-714). Isso sugere que somos convidados, hoje, a retomar as intuições pastorais da *Gaudium et Spes* pensando e vivendo o mistério da Igreja e a vocação de serviço.

Como propõe G. Hackmann, além do "desejo de dialogar com todas as pessoas, escutando seus problemas e angústias e fazendo ouvir o pensamento da Igreja", era "necessário que tudo isso se fizesse à luz da vocação do Povo de Deus. Isso porque a Igreja o faz com a consciência de ser sinal do trabalho misterioso da graça de Deus e de instrumento de salvação. Com essa consciência, a Igreja entra em comunhão ativa com o mundo" (HACKMANN, p. 671). Na busca de viver essa comunhão, a Igreja procura diálogo. Procura haurir da fé e da vida em Cristo. Servir em Cristo. Porque a Igreja é chamada a atuar com caráter religioso, deve ser também profundamente humana. Já na primeira parte do texto da *Gaudium et Spes*, quando se levantam algumas grandes interrogações humanas, percebe-se que "o Povo de Deus e a humanidade, na qual ele se insere, prestam serviços mútuos. Assim, a missão da Igreja se manifesta como religiosa e, por isso mesmo, humana no mais alto grau" (n. 11).

Ou seja, conforme analisado por Gilles Routhier (2013, p. 537-554), os próprios pronunciamentos do Concílio ganham mais relevância e mais futuro se não forem percebidos isoladamente nem nos limites da sua letra, mas no contexto, nas intuições principais do Concílio, nos seus grandes eixos doutrinais e pastorais. Conforme a análise do mesmo autor, seria importante ir ao encontro das questões, levantá-las, desenvolvê-las, achar caminhos. Com as promessas e perspectivas que se abrem. Os documentos crescem quando considerados no seu conjunto e no espírito de todo o Concílio. A *Gaudium et Spes* revela intenções e solicitudes importantes do Concílio.

Se percebemos a abertura para a pessoa humana, tendo em vista sua dignidade, suas interrogações, suas aspirações e seus problemas; se percebemos os métodos de diálogo, a busca de contribuição que a Igreja possa dar ou receber, a partir da própria consciência de Igreja e da sua relação com o mundo, então aumenta para nós a significação de toda a atitude conciliar de aproximação do ser humano e os princípios doutrinais e pastorais tornam-se mais inspiradores e sugestivos.

Muitas são as questões ali presentes e sempre atuais, como a da dignidade da pessoa, dos valores da família, da cultura, do desenvolvimento, da sociedade que se deve edificar, da paz desejada e buscada. A espiritualidade cristã aparece inserida e atuante no mundo. Pablo Marti faz ver que a espiritualidade cristã se realiza em Cristo, dentro de uma relação com a Trindade, e também com a missão e a presença no mundo, no qual nos inserimos e que deve ser transformado, onde os cristãos devem se relacionar com as pessoas e onde se há de viver o amor a Deus e ao próximo (MARTI, 2013, p. 153; 183), porque essa é a vocação da pessoa humana.

A *Gaudium et Spes* participa das grandes intenções do Concílio de aproximação e diálogo e contribui para que elas sejam realizadas. Destaquemos um pouco mais a perspectiva do diálogo como atitude geral e importante para o serviço do ser humano. No diálogo, a intenção ecumênica do Concílio.

Como é sabido, o Concílio Vaticano II tinha desde o início uma intenção ecumênica. Esta é explicitada em vários documentos, mas na verdade atravessa o Concílio todo. Um seu aspecto é a capacidade de acolher e integrar na doutrina e na vida da Igreja Católica tudo o que é autenticamente cristão (VILLAR, p. 91). Como Cristo assume tudo o que é humano, poderíamos encontrar a aplicação desse princípio mais amplamente em toda a busca de valor humano e de bem e em toda solidariedade com o sofrimento. A significação ecumênica do Concílio se mantém vigente na atualidade (VILLAR, p. 91; 10). Diremos que a questão ecumênica que o Concílio quis abraçar deve ainda ser assumida, no diálogo e nas expressões de fraternidade, assim como de colaboração para o serviço do ser humano.

Em um primeiro sentido, a intenção ecumênica aparece no início do decreto sobre o ecumenismo, para a reintegração da unidade dos cristãos, *Unitatis Redintegratio* (n. 1). A perspectiva do diálogo se amplia na declaração *Nostra Aetate*, sobre a relação da Igreja com as religiões não cristãs, com o diálogo inter-religioso (n. 2). Na *Gaudium et Spes* essas dimensões de diálogo também estão presentes e a perspectiva torna-se universal.

4. DIÁLOGO COM OS ATEUS, COM TODAS AS PESSOAS, EM PARTICULAR DIÁLOGO ECUMÊNICO

Junto das considerações sobre a dignidade humana, do ser humano como imagem de Deus, de sua vocação em Cristo, está uma análise do fenômeno do ateísmo, com uma preocupação pastoral que procura expressar-se em linguagem compreensível e atenta a vários aspectos da questão.

Ali se fala em diálogo com os não crentes, a propósito da construção adequada deste mundo, da qual todas as pessoas haveriam de participar, tanto os crentes como os não crentes. Lembra-se que isso não se pode fazer sem diálogo (GS 21). Portanto, os cristãos devem dialogar também com os não crentes. A *Ecclesiam Suam*, de Paulo VI, na sua terceira parte, discorre sobre o diálogo com todas as pessoas, em vários círculos, incluindo a possibilidade do diálogo com os ateus. A *Gaudium et Spes*, de certo modo, retoma isso ao falar de colaborar na edificação da sociedade; e no final do documento procura diálogos, sem excluir ninguém.

Desse modo, no que diz respeito aos não crentes, certamente devem ser incluídos nas nossas relações e atenções; também devem ser mais bem compreendidos em seus pontos de vista e suas aspirações, como todos os seres humanos. A *Gaudium et Spes* faz ver ainda que os pensamentos deles, mesmo as suas críticas, devem ser escutados.

A *Gaudium et Spes*, ao considerar o ateísmo, procura identificar diversas formas e diversas causas do ateísmo, até mesmo observando as críticas que se colocam para o modo de os cristãos viverem e transmitirem a própria fé. Aqui de novo os cristãos deveriam compreender e escutar os não crentes e considerar essa crítica construtiva. Seria verdade que, muitas vezes, são os cristãos que não vivem coerentemente o que professam; ou sua ação educativa da fé e do ensino da religião não é adequada; por sua "vida religiosa, moral e social, se poderia dizer deles que mais escondem que manifestam a face genuína de Deus e da religião" (n. 19). Observamos que essa aproximação e o diálogo com os ateus poderiam levar a um crescimento dos fiéis. Pelo que conhecem do outro e pelo que são chamados, os próprios fiéis, a uma maior conversão ao que creem. Seria o caso das considerações de Juan Alonso, que, achamos, talvez seja um dos pontos a levar em conta no diálogo com os não crentes:

> Entre as deficiências dos crentes que podem velar o genuíno rosto de Deus e da religião, o Concílio se refere tanto ao descuido e à ignorância da doutrina cristã como às carências ou deformações que privam a vida cristã de coerência e exemplaridade. De fato, a crítica à religião realizada por algumas filosofias ateias desmascarou algumas falsas imagens de Deus. Essas deficiências colocam desafios referentes ao cuidado da educação religiosa, à exposição da doutrina e ao adequado testemunho da vida religiosa, moral e social dos crentes. De alguma maneira, o Concílio vem afirmar que não somente o crente individual, mas também a Igreja em seu conjunto, deve tomar em consideração a crítica construtiva procedente do exterior, e exercer também uma sadia autocrítica para desenvolver melhor sua missão no mundo como sacramento universal de salvação (ALONSO, 2013, p. 406).

O diálogo não seria apenas falar sobre a fé, mas também escutar e compreender a realidade do outro e mesmo a crítica do outro; deixar-se interrogar e procurar o próprio crescimento a partir do que se recebeu do outro. O diálogo é ainda procurar pontes de comunicação e possibilidades de edificação do bem da pessoa e da sociedade.

Uma contribuição da *Gaudium et Spes* para o diálogo é propor procurar compreender as pessoas. É já uma atitude de abertura, de encontro com a realidade do outro. É importante procurar compreender para poder melhor dialogar. Ou procurar compreender para poder mesmo iniciar diálogos (n. 28).

Podemos perceber que, na verdade, a *Gaudium et Spes* inclui no desejo de diálogos todas as pessoas como nossos interlocutores. Já consideramos mesmo os ateus. Também seria importante destacar o diálogo com os outros cristãos. E as pessoas de outras religiões.

A convicção de verdade da salvação implica o desígnio de Deus que se manifesta e se comunica no seu amor. Essa convicção não impede, antes leva a considerar todas as pessoas em sua total dignidade humana e seu lugar no plano de Deus. Cristo assumiu a realidade humana. Para o cristão, todas as pessoas estão relacionadas com a salvação de Cristo, com o Mistério Pascal. Isso vale "não só dos cristãos, mas também de todos os homens de boa vontade, em cujos corações a graça opera de modo invisível" (n. 22). Essa inclusão no desígnio divino e na obra da graça certamente é um chamado a termos um olhar de fé em verdadeira abertura para mais valorizar a todos e mais colaborar com todos. Achamos que se aplica também para procurar dialogar com as pessoas e com os valores humanos que elas propõem.

Se uma atitude fundamental do Concílio é procurar diálogo com o nosso mundo, solidarizando-se com todos os seres humanos, e se somos convocados a dialogar com todas as pessoas, cabe também uma palavra sobre o diálogo ecumênico, ou seja, o diálogo em especial com os outros cristãos. Porque podemos nos ajudar mutuamente compartilhando a mesma motivação evangélica.

A *Gaudium et Spes* dedica vários números especialmente aos diálogos e à colaboração. Tem como certo e suposto que deve haver o diálogo dos cristãos, e mesmo além das fronteiras dos cristãos. Com os diálogos se compartilhariam valores cristãos e humanos e se procuraria mais solidariedade, bem como se abririam caminhos de construção do bem.

Importa ter respeito e amor pelas pessoas. Assim, mesmo que as pessoas pensem diferentemente de nós, para todas as pessoas devemos ter respeito e amor. Devemos também procurar conhecer seu modo de pensar e buscar diálogos. O Concílio considera que não se trata de indiferença quanto à verdade e ao bem, mas, mesmo que tenhamos preocupação com os erros (que, aliás, podem encontrar-se nas diferentes pessoas ou em nós mesmos), ainda assim os erros não devem ser confundidos com as pessoas. Por isso, deve-se também ter sempre em conta a sua dignidade de pessoas. O trecho que toca esse ponto, para o qual já fizemos um breve aceno, aqui transcrevemos mais amplamente:

> O respeito e a caridade devem se estender também àqueles que em assuntos sociais, políticos e mesmo religiosos pensam e agem de maneira diferente da nossa. Aliás, quanto mais intimamente com humanidade e caridade compreendermos o seu modo de pensar, tanto maior será a facilidade para poder iniciar um diálogo com eles.
>
> Esta caridade e benevolência não nos deve tornar de modo algum indiferentes perante a verdade e o bem. Mais ainda. A própria caridade impele os discípulos de Cristo a anunciar a verdade salvadora a todos os homens. Mas é preciso distinguir entre o erro, que deve ser sempre rejeitado, e o errante, que conserva, todavia, a dignidade de pessoa (n. 28).

No entanto, é ao final da constituição que se acentua explicitamente a responsabilidade da cooperação ecumênica. Ela se dá em clima de diálogo entre os cristãos. Quando se vai concluir o capítulo V, sobre a paz e a comunidade dos povos, acentua-se o dever dos cristãos na prestação de auxílios. Também a importância da cooperação, dada de todo coração, das liberdades legítimas e da amizade fraterna entre todos:

> De bom grado e de todo o coração os cristãos cooperem na construção de uma ordem internacional na qual sejam realmente observadas as liberdades legítimas e a amizade fraterna de todos (n. 83).

A *Gaudium et Spes* considera como pressuposta a cooperação com os "irmãos separados" (como se denominava na época do Concílio aos cristãos de outras confissões), mas também se recomenda a cooperação com todas as pessoas que desejam a paz:

> Enfim, é de desejar que os católicos, para bem cumprir sua missão na comunidade internacional, procurem cooperar ativa e positivamente não só com os irmãos separados que juntamente com eles professam a caridade evangélica, mas também com todos os homens que têm sede de paz verdadeira (n. 90).

Recorda-se que a Igreja deve ser sinal da fraternidade que consolida o diálogo:

> Em virtude de sua missão, que é de iluminar o mundo inteiro com a mensagem evangélica e reunir em um único Espírito todos os homens de todas as nações, raças e culturas, a Igreja torna-se o sinal daquela fraternidade que permite e consolida um diálogo sincero (n. 92).

Pressupõe-se o diálogo e a concórdia dentro da Igreja Católica, entre pastores e fiéis. O princípio é a unidade no necessário, depois a liberdade, em tudo a caridade:

> Isto, porém, requer, em primeiro lugar, que promovamos no seio da própria Igreja a mútua estima, respeito e concórdia, admitindo toda a diversidade legítima, para que se estabeleça um diálogo cada vez mais frutífero entre todos os que constituem o único Povo de Deus, sejam os pastores, sejam os demais cristãos. O que une os fiéis é com efeito muito mais forte do que aquilo que os separa. Nas coisas necessárias reine a unidade, nas duvidosas a liberdade, em tudo a caridade (n. 92).

A *Gaudium et Spes* abraça os cristãos que não estão em plena comunhão, recordando vínculos da fé na verdade e na caridade. A cooperação entre os cristãos diversos é importante para o serviço à família humana:

> O nosso pensamento abraça ao mesmo tempo os irmãos e suas comunidades que ainda não vivem em comunhão plena conosco, aos quais, contudo, nós nos unimos pela confissão do Pai e do Filho e do Espírito Santo e pelo vínculo da caridade, lembrados de que a unidade dos cristãos é hoje também desejada e esperada por muitos que não creem em Cristo. Quanto mais esta unidade crescer, sob a ação potente do Espírito Santo, na verdade e na caridade, tanto mais ela será um prenúncio de unidade e de paz para o mundo inteiro. Unamos, portanto, nossas forças e, sob formas cada vez mais adaptadas a este fim preclaro que hoje deve ser eficazmente procurado, esforcemo-nos a que, cada dia mais conformados ao Evangelho, cooperemos fraternalmente no serviço a ser prestado à família dos filhos de Deus (n. 92).

A *Gaudium et Spes* inclui todos os crentes que admitem Deus. Valoriza seus preciosos elementos religiosos e humanos e deseja diálogo, para aceitar os impulsos do Espírito e cumpri-los:

> Volvemos, pois, ainda, o nosso pensamento a todos os que admitem Deus e que guardam em suas tradições preciosos elementos religiosos e humanos, desejando que um diálogo aberto nos leve todos a aceitar fielmente os impulsos do Espírito e a cumpri-los com entusiasmo (n. 92).

Enfim, não quer excluir ninguém, mas envolver todas as pessoas, pois todos somos chamados a ser irmãos, e todos podemos e devemos construir no mundo a paz:

> O desejo de tal diálogo, que é guiado somente pelo amor à verdade, observada a devida prudência, de nossa parte não exclui ninguém, nem os que, honrando os bens admiráveis do engenho humano, contudo não admitem ainda o seu Autor, nem aqueles que se opõem à Igreja e a perseguem de

várias maneiras. Sendo Deus Pai o princípio e o fim de todas as coisas, somos todos chamados a ser irmãos. E por isso, destinados à única e mesma vocação, humana e divina, sem violência e sem dolo, podemos e devemos cooperar para a construção do mundo na paz verdadeira (n. 92).

CONSIDERAÇÕES FINAIS

A *Gaudium et Spes* perpassa temas como a dignidade humana, a família, a sociedade, a cultura, a paz, e procura acolher tudo o que é humano, para ajudar, com a própria fé e o próprio serviço, a contribuir ao bem do ser humano. No final, procura os diálogos.

Diálogos ecumênicos já vinham acontecendo e continuaram a acontecer. Eles aprofundam vários pontos em comum na fé, ou perspectivas especiais dos interlocutores, em busca de mais entendimento, crescimento, e bom relacionamento. Os diálogos são um modo de procurar glorificar a Deus, pela vivência do amor de uns pelos outros.

Os diálogos podem, ainda, continuar a aproveitar as intuições, as atitudes e a contribuição da *Gaudium et Spes*, com a atitude de acolher o ser humano e de procurar fazer o bem e tornar a sociedade também mais humana. Permanece importante os diálogos envolverem o ser humano com um olhar contemplativo de sua dignidade; um olhar inclusivo de sua presença e de seus dons; um olhar comprometido com o serviço do bem de cada um. Ou seja, permanece importante que o diálogo ecumênico tenha em vista o ser humano.

REFERÊNCIAS BIBLIOGRÁFICAS

ALONSO, Juan. Ateísmo e increencia según el Concilio Vaticano II. *Scripta Theologica*, vol. 45 (2013) 395-423.
CONCÍLIO VATICANO II. Constituição pastoral *Gaudium et Spes*. In: *Compêndio do Vaticano II;* constituições, decretos, declarações. 21. ed. Petrópolis: Vozes, 1991.
_____. Declaração *Nostra Aetate*. In: *Compêndio do Vaticano II;* constituições, decretos, declarações. 21. ed. Petrópolis: Vozes, 1991.
_____. Decreto *Unitatis Redintegratio*. In: *Compêndio do Vaticano II;* constituições, decretos, declarações. 21. ed. Petrópolis: Vozes, 1991.

LORSCHEITER, José Ivo. O mundo da *Gaudium et Spes* e o mundo de hoje. *Teocomunicação*, vol. 35, n. 150, dez. 2005, p. 711-717.

MARTI, Pablo. La espiritualidad cristiana en el Concilio Vaticano II. *Scripta Theologica*, vol. 45 (2013) 153-184.

PAULO VI. Encíclica *Ecclesiam Suam*. In: *Documentos de Paulo VI* (1964). São Paulo: Paulos, 1997.

ROUTHIER, Gilles. Vatican II: Relevance and future. *Theological Studies* 74 (2013) 537-554.

A AUTONOMIA DAS REALIDADES TERRESTRES A PARTIR DA *GAUDIUM ET SPES*

Maria Clara Lucchetti Bingemer

Talvez nenhum documento do Concílio Vaticano II tenha em si um potencial tão renovador e instigante quanto a constituição pastoral *Gaudium et Spes*. Nela está presente o melhor do Concílio em termos de abertura, diálogo com o mundo secularizado e visão positiva das realidades terrestres, como até então jamais se havia visto na Igreja Católica.

Neste texto examinaremos algo que é bem característico desse grande documento, qual seja, a questão da autonomia das realidades terrestres. Em um mundo teocêntrico, tal autonomia nem sempre havia sido respeitada. Veremos, então, como o Concílio, compreendendo a fé e a Igreja dentro de um mundo antropocêntrico e secular, vai perceber a necessidade de que as realidades terrestres sejam livres e gozem de autonomia para crescer e desenvolver-se.

Em seguida nos deteremos sobre um ponto importante dessas realidades terrestres: a ciência. Veremos como a autonomia da ciência é um dos pontos mais reivindicados pelos novos ateísmos em sua crítica à Igreja.

Veremos depois como a *Gaudium et Spes* traz uma visão equilibrada e positiva desse particular, o que permite uma abertura de diálogo importante com os novos ateísmos e outras instâncias críticas hodiernas à Igreja, sua visão de mundo e sua pastoral.

O TEXTO PROPRIAMENTE DITO

É sobretudo em seu parágrafo 36 que a *Gaudium et Spes* vai expressar o que entende por autonomia das realidades terrestres. Após afirmar no n. 35 que

> a norma da atividade humana é pois a seguinte: segundo o plano e vontade de Deus, ser conforme com o verdadeiro bem da humanidade e tornar possível ao homem, individualmente considerado ou em sociedade, cultivar e realizar a sua vocação integral,

GS 36 continua tocando em um ponto sensível que é parte central da posição de descrédito e desconfiança que a sociedade secularizada assume em relação à Igreja:

> No entanto, muitos dos nossos contemporâneos parecem temer que a íntima ligação entre a atividade humana e a religião constitua um obstáculo para a autonomia dos homens, das sociedades ou das ciências. Se por autonomia das realidades terrenas se entende que as coisas criadas e as próprias sociedades têm leis e valores próprios, que o homem irá gradualmente descobrindo, utilizando e organizando, é perfeitamente legítimo exigir tal autonomia. Para além de ser uma exigência dos homens do nosso tempo, trata-se de algo inteiramente de acordo com a vontade do Criador. Pois, em virtude do próprio fato da criação, todas as coisas possuem consistência, verdade, bondade e leis próprias, que o homem deve respeitar, reconhecendo os métodos peculiares de cada ciência e arte. Por esta razão, a investigação metódica em todos os campos do saber, quando levada a cabo de um modo verdadeiramente científico e segundo as normas morais, nunca será realmente oposta à fé, já que as realidades profanas e as da fé têm origem no mesmo Deus. Antes, quem se esforça com humildade e constância por perscrutar os segredos da natureza, é, mesmo quando disso não tem consciência, como que conduzido pela mão de Deus, o qual sustenta as coisas e as faz ser o que são. Seja permitido, por isso, deplorar certas atitudes de espírito que não faltaram entre os mesmos cristãos, por não reconhecerem suficientemente a legítima autonomia da ciência e que, pelas disputas e controvérsias a que deram origem, levaram muitos espíritos a pensar que a fé e a ciência eram incompatíveis.

> Se, porém, com as palavras "autonomia das realidades temporais" se entende que as criaturas não dependem de Deus e que o homem pode usar delas sem as ordenar ao Criador, ninguém que acredite em Deus deixa de ver a falsidade de tais assertos. Pois sem o Criador a criatura não subsiste. De resto, todos os crentes, de qualquer religião, sempre souberam ouvir a

sua voz e manifestação na linguagem das criaturas. Antes, se se esquece Deus, a própria criatura se obscurece.

Todos os documentos conciliares estão marcados por uma abertura inédita à criação, à história e às realidades terrestres. Sendo mesmo acusada de excessivo otimismo diante do mundo, com o qual se dispõe firmemente a dialogar, a Igreja do Concílio não hesita em afirmar e mesmo proclamar a positividade da história e de toda a criação. E mais: não hesita em incitar todos a respeitar a autonomia própria de tais realidades, declarando ser isto vontade do próprio Deus.

É preciso defender a todo custo a autonomia das realidades terrenas, quando por autonomia se entende que as coisas criadas e as sociedades têm o direito de ser encaradas em si mesmas e de se organizar com seus valores e suas próprias leis, que se vão aos poucos descobrindo, explicitando e aplicando. É uma exigência atual legítima, que está de acordo com a vontade do Criador (n. 36).

Esse Deus assim preocupado e solícito com as realidades terrestres vai se revelar, no pensamento do Concílio, como um Deus cuja vontade e desejo são que as realidades terrestres tenham sua autonomia respeitada, que a ciência possa fazer seu caminho e que a história seja considerada como lugar onde a criação e as criaturas irão encontrando seus estilos de viver e de existir, de conviver e mesmo aceder à comunhão com seu Criador. Pois esse Deus se deixa encontrar por aqueles que, em meio às tramas da história e ao desafio de pensar a realidade, aquiescem em ser conduzidos por sua mão e aí recebem sua revelação. E em GS 36 ainda está escrito:

> Quem investiga com humildade e perseverança o segredo das coisas é conduzido, mesmo sem o saber, pela mão de Deus, que a todas sustenta e faz serem o que são. É lamentável que se tenha introduzido, inclusive entre os cristãos, certa atitude de desrespeito à autonomia das ciências, gerando disputas e controvérsias que levaram muitos a pensar que existisse uma oposição entre a ciência e a fé.

Deus, portanto, para o Concílio, não é alguém que pretende manter a razão humana sob tutela, suspeitando de todo e qualquer movimento autônomo e independente por parte do ser humano. Pelo contrário, é um Deus que se encanta com o progresso e as descobertas do espírito humano e faz sentir sua presença nelas e através delas. No entanto, o Concílio adverte que "sem o Criador a criatura se reduz a nada" (n. 36) e que o esquecimento de Deus torna o mundo incompreensível.

É no meio desta história e desta criação, portanto, que o ser humano é chamado a encontrar a Deus e fruir de sua presença. "A expressão máxima da dignidade humana é a vocação à comunhão com Deus. Desde as suas origens o ser humano se entretinha com Deus. Existe, foi criado e vive, porque Deus o ama. Portanto, não viverá plenamente, segundo a verdade, se não reconhecer livremente esse amor e confiar no seu Criador" (n. 19).

O ser humano não tem, pois, de abandonar o mundo e dele evadir-se para encontrar o Criador, pois este dá testemunho de si mesmo nas próprias coisas criadas, e foi em meio a elas que se revelou aos primeiros pais, ao povo de Israel, e continua a revelar-se a toda a humanidade (*Dei Verbum* 3). É em meio à própria história, provisória, contingente e conflitiva, que o ser humano vai ser solicitado a fazer a experiência de seu Senhor, que se manifesta misteriosamente, velado pelas criaturas, mas verdadeiramente, revelando-se e solicitando do ser humano a resposta da fé.

GS 11 vai mencionar o que se tornou uma marca inconfundível do discurso do Concílio sobre Deus e seu modo de revelar-se ao mencionar a categoria que posteriormente vai ser algo obrigatório no pensar teológico, verdadeiro *locus* a partir do qual o mundo, o tempo, a história, vão firmar-se como os lugares por excelência para perceber a presença de Deus e conhecer sua vontade: a categoria de "sinais dos tempos".[1] E GS 11 ainda vai propor a nova impostação da fé em Deus discernente e atenta aos sinais que Deus faz na realidade.

Diante do que afirma o documento, portanto, qual o horizonte que se abre para a ciência, atividade elevada do espírito humano, decorrente da razão humana, algo tão fundamental para a modernidade secularizada?

OS DESAFIOS DA MODERNIDADE SECULARIZADA

As características do período de longa duração na história que é a modernidade caracterizam-se por várias "passagens". Nesse sentido, configuram realmente uma situação de trânsito, que nos remete, em termos teológicos, ao trânsito pascal, mistério central da fé cristã. Páscoa secular esta, quando a humanidade desperta do sono dogmático e

---

[1] Sobre isso, ver: BOFF, 1985; LIMA VAZ, 1972, p. 282-304; TEIXEIRA, 2010.

passa a não mais aceitar ser tutelada por instância alguma, incluindo aí a religião e a fé.
1. A passagem do teocentrismo (Deus é a medida de todas as coisas) ao antropocentrismo (o ser humano é a medida de todas as coisas).
2. A passagem da ciência tutelada à ciência emancipada e autônoma, buscando seu próprio método e caminho sem pedir licença à religião institucional (cf. caso Galileu).
3. A passagem da heteronomia (o primado do outro que rege a vida, outro esse entendido como Deus, a Igreja, a religião institucional) à autonomia (o sujeito é o senhor da própria vida e traça seu caminho em plena liberdade, sem prestar contas a nada nem a ninguém).
4. A passagem da concepção de religião como explicação do mundo à concepção do mundo, da realidade, como autoexplicativa por parte do ser humano. A esse processo se chama também de "desencantamento do mundo" (GAUCHET, 1985). O mundo não é mais explicado por premissas e parâmetros sobrenaturais. Não é mais habitado por seres sobrenaturais que magicamente o explicam, o transformam e iluminam, tal como se acreditava desde os tempos de Tales de Mileto, cinco mil anos antes de Cristo. Mas toda explicação deve ser encontrada no próprio coração da realidade, na própria constitutividade do mundo.
5. A passagem da concepção do saber e do conhecimento centrada em torno da reflexão teológica (a universidade, onde a teologia é a rainha das ciências e centro irradiador, ao redor do qual se constrói a mesma ideia de universidade tal como existia na Idade Média) para uma concepção onde o ser humano e seu entorno (a antropologia e as ciências humanas, as ciências sociais e as ciências exatas) vão ser as perspectivas a partir das quais se concebe e se entende o mundo e a realidade. A religião e a teologia serão, então, um setor apenas do saber, todo ele compartimentado e organizado em especialidades estanques.
6. A passagem de uma concepção de mundo onde a fé em Deus e na Igreja como instituição estavam no centro de tudo, de todos os campos do saber e da vida, para uma concepção onde a razão humana está no centro. "Penso, logo existo" – o axioma cartesiano – é o lema da modernidade. O ser humano

como ser pensante é o centro da modernidade moderna e secularizada.

Toda essa nova maneira de conceber a relação do "século" com o "divino e o sobrenatural", a relação do "profano" com o "sagrado", leva, inevitavelmente, a perguntar: qual o espaço remanescente para a sacralidade em um mundo e uma realidade assim concebidos? Que rosto pode ainda apresentar a sacralidade aos nossos contemporâneos que seja por eles inteligível e assimilável? Que faces do sagrado podem ainda fazer interface com a mentalidade secular assim estruturada?

Sendo um longo processo histórico, a secularização vai se complexificando ao longo do tempo e, após mais de quatro séculos, já não admite uma interpretação unívoca. Pelo contrário, revela ter adquirido ao longo do tempo uma pluralidade de aspectos. E por causa dessa mesma complexidade vai sendo igualmente interferida e atravessada por numerosas interfaces, em meio às quais haverá de poder descobri-la e entendê-la, em novas bases e com diferentes chaves de leitura.

Se examinarmos o processo da cultura secular do ponto de vista da teologia, verificamos não ser adequado para tal um modelo de compreensão formatado sobre a *conquista*, ou seja, a visão da secularidade como um sistema nocivo que há de evangelizar a todo custo para recuperar a hegemonia da fé e da religião no mundo. Tampouco será o da *hierarquia*, que poria a secularidade como um nível menor de elevação da humanidade, enquanto o modelo de uma sociedade regida pelo religioso seria superior e deveria ser preservado a qualquer custo. Menos ainda o da *superposição de níveis*, que leva a uma confusão de ambos os conceitos sem por isso torná-los mais claros e consistentes. Importa, isso sim, olhar o fenômeno da secularização diante da fé e da religião como faces que se tocam e abrem a possibilidade de novas sínteses (TORRES QUEIRUGA, 2000, p. 17-21).

O antropocentrismo moderno, com toda a importância de sua contribuição em termos de pensar o ser humano como liberdade não mais sujeita às leis externas e estranhas à sua subjetividade e à sua dignidade de imagem de Deus, corre, no entanto, o risco de reduzir-se a uma solidão individualista e atrofiante.

A objetividade do mundo – fruto da modernidade – é a resultante extrema da separação do ser humano da crença em Deus institucionalizada, separação que por sua vez liberta o ser humano e o institui sujeito de seu conhecimento, tornando-o autônomo diante da inteligência e da normatividade divina. Deus – ou a Transcendência – "retirou-se" do mundo, deixando o ser humano entregue a seu esforço e sua busca de sentido.

Por sua parte, o fim do humanismo antropocêntrico (com suas perversas derivações androcêntricas e etnocêntricas) abre caminho a uma visão nova, a uma percepção nova – que se tornaria, em consequência, uma experiência nova – de uma humanidade que sobreviveu à queda das utopias e à mudança de paradigmas e sente emergir dentro de si o desejo do encontro com a Alteridade Transcendente, que a razão não dá conta de explicar nem circunscrever (BINGEMER, 2005).

A CIÊNCIA E SEUS LIMITES[2]

A supervalorização do racional fez com que o ser humano se considerasse a si mesmo autônomo e emancipado. A ciência e a técnica resolveriam seus problemas substituindo as crenças. O indivíduo seria o centro do universo, dos fenômenos e eventos, tomando o lugar de Deus, já que teria poderes cada vez maiores através da ciência e da técnica. O ser humano e ninguém mais seria responsável por perseguir e encontrar a felicidade e o sentido da vida com sua capacidade de pensar e raciocinar.

Não se pode falar das relações entre a ciência e a sociedade nem do estatuto das ciências sem ter muito claro o que se entende por "ciência". Se é verdade que os fenômenos naturais obedecem a leis e que essas leis são passíveis de cognição, pode-se dizer que a ciência seria o conjunto do conhecimento das leis dos processos naturais. Mas assim afirmando inclui-se o ser humano como fazendo parte da natureza em igualdade de condições com o restante desta. Decorre igualmente que seu comportamento e atividade, individuais ou coletivas, obedecem igualmente a essas leis.

Por isso impõe-se distinguir entre as ciências da natureza e as ciências humanas. No que diz respeito às ciências da natureza, importa distingui-las – por mais estreitas que sejam suas relações com a técnica – desta mesma técnica, que pode servir para descobrir novas leis da natureza, mas não consistem em tal descoberta (SCHATZMAN, "Sciences", in *Encyclopedia Universalis*).

---

[2] BINGEMER, 2013.

O saber científico depende da sociedade na qual se fazem suas descobertas, mas seu conteúdo é neutro, não tendo pertença nacional nem de classe. Contudo, enquanto *corpus* de conhecimento, a ciência não deixa de estar estreitamente associada ao poder. A história das resistências que o mundo científico opôs à descoberta einsteiniana da relatividade é um exemplo eloquente do que aqui afirmamos.[3] E a Segunda Guerra Mundial, um dos mais sombrios capítulos da história humana, representou, entre outras coisas, uma aliança selada entre saber e poder, com a ciência e a tecnologia sendo meios para perpetrar um dos maiores genocídios que a história da humanidade já viu. Assim também, a longa Guerra do Vietnã demonstrou como pode ser feita a contribuição de matemáticos, físicos, químicos, biólogos, a operações que vão resultar nas armas mais cruéis e destrutivas, como o napalm, os mísseis etc.

No fundo, há uma confusão de conteúdo entre ciência e técnica, sendo o progresso técnico acusado de causar danos à humanidade, quando a verdadeira responsabilidade por esses danos se encontra no âmbito de estruturas políticas e econômicas que influem sobre a política do trabalho científico e da pesquisa.

O emprego dos computadores no campo econômico, igualmente, magnificou a importância dos números e do cálculo, pela facilitação que concedeu à execução dos mesmos. No entanto, de nada servem máquinas precisas para realizar cálculos exatos em tempo otimizado se os dados fornecidos para tal cálculo são falsos ou desviados, não conduzindo, portanto, a um resultado mais justo. Muitas vezes os modelos econômicos não são imunes a essa ideologia. Através de certas simplificações e aproximações – leiam-se: "inexatidões" –, permitem obter certos resultados que não correspondem às hipóteses levantadas e que servem mais a uma escolha política do que a uma verdade objetiva.[4] Por isso e pelas condições privilegiadas para a pesquisa científica exata, que tende a fazer dos pesquisadores ininteligíveis comunicadores de seu saber, manejando uma linguagem que ninguém entende e, portanto, não se pode contestar, as condições das ciências da natureza hoje servem muitas vezes a um poder político ao qual interessa a ruptura entre os detentores do saber e o povo.

---

[3] Por exemplo: "A relatividade de Albert Einstein, a objeção de César Lattes e a proposta de André Assis". Disponível em: < http://stoa.usp.br/cienciacultura/weblog/82774.html >. Acesso em: 8 mar. 2011.

[4] Poderiam multiplicar-se os exemplos. Quantas vezes os dados econômicos não são expropriados pelo Poder Executivo e as informações que chegam à população sobre nível da inflação, PIB etc. são frequentemente falsas, ou, pelo menos, distorcidas...

As ciências humanas têm como objeto o conhecimento do comportamento, da atividade humana e de tudo aquilo que o ser humano produz, como a língua, a arte, a história. As ciências humanas também dispõem de recursos privilegiados para seu trabalho, embora, em geral, mais modestos do que o das ciências da natureza. Mas na distinção entre as duas áreas se coloca uma questão de princípio: a prova da verdade para as ciências humanas não é obtida pela experimentação *stricto sensu*, como as da natureza. Experimentação, quando esta existe, não se pode fazer sem o consentimento do indivíduo ou do grupo. E o sujeito humano vai se modificando no decurso da experiência. Por isso os resultados das ciências humanas são sempre dinâmicos, modificando-se continuamente, e qualquer tentativa de estabelecer *a priori* uma estrutura que os fixe em algum modelo político, econômico e social pode conduzi-las à alienação e à cultura repressiva.[5]

A ciência é, pois, um dos motores do desenvolvimento da humanidade e da vida, e seu progresso tem sido responsável por grandes melhorias na vida humana, sobretudo no decurso do século XX, ainda que os frutos desse progresso não tenham sido repartidos equitativamente no mundo. Por outro lado, o mau uso que muitas vezes se fez dos conhecimentos científicos foi, no mesmo século XX, causa das piores provações que a humanidade já teve de passar. Por isso, ainda que o progresso da ciência, que a racionalidade moderna possibilitou, seja altamente positivo, não obstante se considere correta a afirmação de que a ciência é o motor do desenvolvimento socioeconômico, os esforços feitos por muitos países e regiões do globo no domínio científico, apesar disso, permanecem muito aquém de um mínimo julgado desejável.

A globalização, fenômeno recente deflagrado pela queda das utopias e pelos progressos tecnológicos da informação e da comunicação, acarretou a abertura das economias nacionais para o mundo exterior e não cessa de suscitar relações e elos comerciais e financeiros internacionais, uma gênese transnacional do saber e uma nova divisão mundial das tarefas. O "fim da geografia" provoca o começo de uma nova concepção de mundo, onde as atividades científicas têm de reorganizar-se (BINGEMER, 2013).

A força que representa a interdisciplinaridade ou mesmo a transdisciplinaridade, que conta com mecanismos inovadores, será necessária para facilitar a investigação sobre problemas complexos que ultrapassam

---

[5] Muitos dos regimes militares que imperaram nos países latino-americanos durante as décadas de 1980 e 1990 foram exemplo disso.

o horizonte espacial e temporal imediato. Por outro lado, a ciência deve ser feita sempre mais com ética e com consciência. A pesquisa deve ser expressa e socializada, não deve apenas cuidar de sua qualidade, mas sim de sua comunicabilidade (MAYOR, "Science", in *Encyclopedia Universalis*). As descobertas da ciência devem servir à humanidade, que vive um delicado e importante momento de sua trajetória.

O momento que vivemos é denominado, do ponto de vista econômico ou tecnológico, de globalização neoliberal. O dinamismo do sistema econômico de livre mercado capitalista, com o instrumental da aplicação sistemática de uma ciência e uma técnica funcionais, adquire dimensões planetárias. A essa hegemonia corresponde também uma univocidade do pensamento, reforçada pela queda do bloco socialista, que desequilibrou a balança de poder mundial. Há um pensamento único neoliberal que se generaliza e expande, e a lei do mercado é vista como algo tão iniludível como a lei da gravidade. E se o socialismo caiu por haver perdido a mística que o sustentava em seus primeiros anos, engolida pela sede de poder e pelo totalitarismo, há de se constatar que o neoliberalismo, que nada mais é do que o capitalismo com alguns adereços novos, perdeu a ética.

Todo esse estado de coisas não poderia deixar de ter poderosa influência sobre a cultura e os valores. Estamos diante de um salto tecnológico e de uma formatação de pensamento científico que não se controlam a si mesmos. Ninguém sabe, ainda, as consequências de uma tecnociência descontrolada. Mas há razão para temer. Como diz Hans Jonas, a mera possibilidade da ameaça de um perigo se deve converter em um elemento de reflexão ética (JONAS, 1995 – citado por MARDONES, p. 50).

A tudo isso, a uma tecnoeconomia globalizada, corresponde um tipo de racionalidade e, consequentemente, um modo de entender a realidade, denominada realidade funcional da realidade (MARDONES, 2000, p. 124). Sua atenção está voltada para as dimensões mensuráveis, estratégicas e funcionais. Sua apreensão se especializa no ponto de vista instrumental dos meios adequados para conseguir um fim. Mas se desentende dos mesmos fins e de seus objetivos éticos. Permanece no nível dos meios, analisando a realidade e avaliando-a pelos critérios da eficácia, da rentabilidade, do pragmatismo e do funcionamento (MARDONES, 2000, p. 125).

Tal homogeneização funcionalista do mundo produz vários efeitos perversos. O primeiro consiste em valorizar apenas aquilo que é mensurável, o que pode ser expresso em números, estatísticas, instrumentalidade. Tudo o que releva da abstração, do mistério, da inspiração, da poesia, é posto de lado como inútil, já que não pode ser controlado pela razão instrumental, que, em seu orgulho diabólico e redutor, imagina estar prestando um serviço ao mundo, desterrando superstições e concepções mágicas da vida que mantêm as pessoas na infantilidade (MARDONES, 2000, p. 125).

Além disso, dá-se um ressecamento das tradições e da memória, desertificando a busca pelo sentido da vida, que é constitutiva do ser humano e dá nobreza e dignidade à própria vida humana. Tudo o que releva da memória, do cultivo da riqueza das culturas autóctones, das tradições enriquecedoras, caldo de cultivo da criatividade humana, é reduzido, desvalorizado e confinado a um lugar sem importância em meio à realidade (MARDONES, 2000, p. 126).

É importante notar que não se trata mais do entusiasmo moderno pela descoberta do potencial da razão. Isso é positivo, embora alguns pensadores contemporâneos já houvessem detectado as limitações do pensamento cartesiano e de seu *cogito* axiomático (WEIL, 1966, p. 111; DAMASIO, 1994). A pedra lançada por Descartes não produziu os círculos sucessivos nas águas modernas que deveria, mas foi apropriada e distorcida por uma mentalidade que construiu uma sociedade objetivista, de um materialismo instrumental e prático que acabou por conduzir-nos a esta pós-modernidade líquida, onde "tudo o que é sólido se desmancha", onde a vida escorre entre os dedos sem consistência.

Sociedade de sensações no consumismo de uma mercantilização de "fetiches", que gera injustiça, niilismo e uma *agnosía* estéril (MARDONES, 2000, p. 126). A universalização catapultada à máxima potência pelos meios de comunicação social uniformiza comportamentos, antivalores e sensações a partir da trivialidade e da vulgaridade (MARDONES, 2000, p. 127). Há uma mesmização da moda, dos gostos, dos sabores, da música – sobretudo aquela que é feita para os jovens –, do cinema, formatados, sobretudo, a partir do modelo norte-americano. Os Estados Unidos são a matriz que exporta essa cultura, que é avidamente consumida principalmente nas nações em desenvolvimento e está conquistando até mesmo a tradicional e velha Europa.

O próprio fenômeno linguístico diz algo sobre isso. A *koiné* da modernidade é o inglês.[6] E hoje em dia, mesmo quem não sabe inglês,

---

[6] *Koiné* é o termo técnico usado mais comumente como emblema para o grego do período helenista. Esta palavra grega significa simplesmente "comum". O *grego helenístico*

mas tem de lidar com informática ou computadores, adotou vocábulos ingleses com pronúncia dos vernáculos locais, que acabam formando um novo "esperanto" que une a partir da banalidade. Não é nada infrequente escutar palavras como: deletar, *copy-paste, link* etc. na boca de homens e mulheres simples que seguramente não conhecem nem a metade da riqueza de sua língua nativa. Trata-se da babelização pela uniformização e não pela diáspora, pois essa comunitariedade dialetal está longe de conduzir a humanidade a um maior entendimento e solidariedade.

O sonho moderno conservou alguns de seus fundamentos – como o primado da razão, o advento da técnica, a autonomia da ciência – extremamente positivos. Mas perdeu a pureza de seus objetivos, sua ética. Em lugar da totalização possibilitada pela razão moderna, pela técnica e pelas ciências digitais e comunicacionais, o que se vê é a dissolução da totalidade na pluralidade de múltiplos fragmentos e variedade de perspectivas parciais. A continuidade histórica moderna, que se desdobra em um progresso contínuo e linear para a frente, é substituída pela descontinuidade, a pluralidade de visões fragmentadas do mundo, a pós-história ou o fim da história (MARDONES, 1996, p. 28-29).

Diz, acertadamente, Zygmunt Bauman: "A modernidade teria de ser o grande salto para a frente: que nos afastaria do medo e nos aproximaria de um mundo livre da cega e impermeável fatalidade (essa grande chocadeira de temores). Como bem refletia Victor Hugo, falando com saudade e elogiosamente sobre a ocasião: impulsionada pela ciência ('a tribuna política se transformaria em científica'), uma nova era virá que suporá o fim das surpresas, das calamidades, das catástrofes, mas também das disputas, das falsas ilusões, dos parasitismos..., em outras palavras, uma época sem nenhum dos ingredientes típicos dos medos. [...] Os nossos voltam a ser tempos de medos" (BAUMAN, 2007, p. 11).

Desde o ponto de vista da religião, sobretudo situada dentro do âmbito da tradição judaico-cristã, a relação entre a fé e a razão tem pontos luminosos e sombrios, prós e contras. A indevida tutela da fé sobre a razão, que se prolongou por um longo período histórico, gerando uma também indevida subordinação da razão científica à fé, desempenhou um papel importante na tomada de consciência da autonomia da razão e, quando esta ocorreu, não pôde menos do que conduzir a um conflito que significou a ruptura de toda relação entre fé e razão e a substitui-

---

ou *koiné* é a forma popular do grego que emergiu na pós-Antiguidade clássica (c. 300 a.C. – 300 d.C.).

ção da supremacia da fé pela supremacia da razão autônoma, em um primeiro momento, e da razão científica, mais tarde, para degenerar, posteriormente, na razão instrumental. O prestígio e os êxitos do pensamento científico conduzirão a identificar razão com razão científica, e isso levará a ciência a ser considerada a única forma válida de conhecimento. Em suma, estamos diante de um monismo epistemológico.[7]

A CRÍTICA DOS NOVOS ATEÍSMOS

As falhas e falácias fundamentais do "novo ateísmo" passam um pouco por aí, pois residem especialmente em sua crença inabalável no naturalismo científico. Trata-se da crença de que a natureza é tudo o que há, de que Deus não existe e de que a ciência é o único caminho que conduz à verdade. Embora os novos ateístas rejeitem o Deus dos criacionistas, fundamentalistas e terroristas, é digno de nota que tenham decidido debater com tais extremistas, e não com teólogos de peso e pensadores sérios.[8]

Os novos ateus estão dizendo, com efeito, que, se é que Deus existe, deveríamos permitir que a identidade desse Deus fosse determinada de uma vez por todas pelos fundamentalistas das tradições religiosas abraâmicas. Parece que eles optaram por essa estratégia porque no fundo têm uma admiração mal disfarçada pela simplicidade da concepção de realidade de seus oponentes. A melhor prova de sua própria atração por uma cosmovisão descomplicada pode ser encontrada em sua adesão a um sistema que no fundo também seria fundamentalista e ainda mais simplista, conhecido como naturalismo científico.[9]

Nos tempos clássicos, áreas do saber como arte, religião e filosofia (ou ciência) permaneciam unidas e não fragmentadas como hoje. Cada uma, em sua linguagem, falava dos mesmos temas, dos mais nobres interesses do ser humano: de onde viemos, para onde vamos, qual o sentido da vida, quais os valores que merecem ser defendidos, como não desperdiçar nossa vida no tempo que nos é concedido, como de-

---

[7] J. M. Velasco (1993, p. 156) prossegue dizendo que a realidade a que esta razão dá acesso será proclamada a única forma válida de realidade, produzindo um monismo ontológico.

[8] Cf. as obras recentes dos assim chamados "novos ateus": HARRIS, 2008; COLLINS, 2007; HITCHENS, 2007; DAWKINS, 2007; ONFRAY, 2007.

[9] Cf. todo o número da revista *Concilium* 337 (2010/4), "Ateus de que Deus?".

vemos nos portar diante dos outros. Assim também, há algum modelo na história, decisivo, que deva ser imitado? Ou: como viver as grandes paixões, como explicar o sofrimento, como enfrentar a angústia, o que fazer da liberdade, se é que ela é possível?

Uma coisa é certa: a teologia cristã não pode entrar nesse debate usando as mesmas armas. Não pode nem deve defender o Cristianismo a todo custo, muito menos barganhando, liquidando. Em todo caso, a teologia deve, sim, exigir um pouco mais de seriedade nas interpelações e críticas. Ao ler o livro de Dawkins, vê-se que ele parece crer piamente no racionalismo e na ciência. Parece que, para ele, a existência não tem mistérios nem tragédias, nem problema algum que não se possa explicar com a seleção natural darwinista. Não parecemos estar muito longe de um fideísmo às avessas.

Hans Küng, em seu livro sobre ciências naturais e religião *O princípio de todas as coisas* (2007), fez um esforço nada trivial para estudar as ciências. John P. Meier, em seu polêmico livro *Um judeu marginal* (2003), ocupa vários volumes para estudar os detalhes do Jesus histórico. No entanto, Dawkins parece achar que é possível (e racional) liquidar em poucas páginas toda a pesquisa histórica e exegética do Novo Testamento e num só capítulo destruir o esforço secular da reflexão que buscava entender a fé. O biólogo Dawkins descarta com demasiada facilidade o messias da Galileia apenas porque as listas genealógicas dos Evangelhos não coincidem! O que surpreende nos novos ateísmos atuais é seu otimismo, sua fé quase ingênua na explicação científica, correndo o perigo de erigir, na verdade, uma nova idolatria.

O Cristianismo atual percebe-se desafiado, em sua teoria e prática, a demonstrar que a fé em Deus não representa a negação do humano. Talvez quem melhor tenha elaborado a resposta a perguntas que anteriormente levantamos seja o teólogo galego A. T. Queiruga. O ponto de contato entre ateísmo e fé cristã seria a defesa do humano em todas as suas possibilidades, e a grande interlocutora para a teologia neste particular seria a antropologia.[10]

Para Queiruga, o ateísmo, em seu âmago, não busca a negação de Deus, mas de um discurso religioso que se tornou idolátrico. No coração dessa postura está a luta por espaços que não oprimam a autonomia do humano. Por isso mesmo, o grande desafio da teologia cristã será

---

[10] Cf. as obras de Queiruga citadas aqui e, sobretudo, *O fim do cristianismo pré-moderno* e *Creio em Deus Pai.*

fazer a modernidade – e seu subproduto, a pós-modernidade, enquanto cultura líquida e consumista – voltar-se para o Evangelho de Jesus, a fim de descobrir nele que o discurso divino na narrativa jesuânica configura-se exatamente na afirmação plena da humanidade. O Deus *Abbá* de Jesus Cristo não fez outra coisa senão defender o humano diante de pessoas e mecanismos religiosos que buscavam negá-lo. Somente assim se podem balizar as afirmações da atual crítica ateia e a necessidade da manutenção de um autêntico diálogo. Nenhuma ciência séria, estando ela situada no campo das ciências naturais, da genética ou das humanidades, pode continuar alicerçada, hoje, sobre preconceitos ou sobre a antiga rivalidade ciência *versus* religião. Como diz Queiruga nesta longa citação que não podemos deixar de inserir aqui:

> Nada ajudou mais que a crítica moderna da religião a redescobrir algo fundamentalíssimo na experiência cristã de Deus: que sua revelação e sua presença em nossa história não têm outro sentido senão a nossa salvação. Salvação em duplo valor: negação de toda a negação do homem e afirmação de tudo o que é positivo no humano [...] Santo Irineu de Lião expressa-o de forma insuperável já no século II: "Gloria Deis, vivens homo", a glória de Deus é o homem na plenitude de sua vida. Se nós, cristãos, conseguirmos demonstrar, com nossa teoria e prática, que Deus é a máxima negação de toda a negação do homem, então se abrirá um terreno estritamente comum em que podemos encontrar-nos com a busca mais profunda dos não crentes. Porque coincidimos no fundamental: a defesa do homem e de suas possibilidades [...] A modernidade é relativamente nova, e o grande mal-entendido histórico pelo qual, para muitos, Deus apareceu como inimigo do homem não vai ser eterno. Pessoalmente, não renuncio a esperar que [...] a sensibilidade moderna acabará fazendo a experiência – ou aproximando-se mais dela – de que Deus não nega o homem, mas o afirma (TORRES QUEIRUGA, 1990, p. 38-39).

Talvez possamos acrescentar à afirmação do teólogo galego que as acusações dos novos ateus, ainda que muitas delas carentes de consistência científica, cumprem pelo menos o papel de questionar-nos e provocar-nos a uma maior radicalidade de conversão e a uma vivência mais coerente do Cristianismo enquanto fé, sabendo tomar distância e relativizar o que em muitas expressões religiosas do mesmo é realmente relativo e deve ser deixado de lado.

Ateísmo e Cristianismo, pois, necessitam, ambos, expor-se mutuamente à crítica um do outro; estão juntos diante do fracasso do Iluminismo; podem estar juntos, igualmente, com solidez, e trazendo uma valiosa contribuição, diante da proliferação de novas propostas religiosas que muitas vezes podem inserir-se num mundo secularizado como escape das frustrações do cotidiano.

CONCLUSÃO: A ATUALIDADE DA *GAUDIUM ET SPES*

A superação do conflito esterilizante entre fé e razão, entre ciência e religião, tal como postulado pelo novo ateísmo, acontece quando a razão instrumental entra em crise e faz sua autocrítica. Aí começam novamente a encontrar alguma dimensão de cidadania no domínio da razão as afirmações das ciências humanas – relegadas a um segundo plano pela hegemonia da "exatidão" dos números – e também da fé e da religião. A necessidade de uma articulação do sentido se faz sentir (LADRIERE, 1984) e a religião passa a ser tema até mesmo de escritos de grandes pensadores agnósticos da atualidade, que dela falam em tom não polêmico, porém mais bem nostálgico (HABERMAS, 2010; EAGLETON, 2010).

Uma articulação positiva e efetiva entre a fé e a ciência estará chamada a desenvolver uma vigilância ética sobre o exercício da ciência sem tirar nada de sua autonomia. Assim sendo, será possível articular sua presença com a da razão filosófica e a da razão científica.

A forte e lúcida exortação da *Gaudium et Spes* quanto à necessária autonomia das realidades terrestres, juntamente com o alerta que emite quanto ao risco do desaparecimento de outras dimensões constitutivas do humano. Entre elas está a abertura ao transcendente e a resposta ao apelo que esta transcendência lança no fundo de cada ser humano, seja ele quem for, creia no que creia e chame como chame essa Palavra que lhe vem de mais longe. A reconfiguração da busca espiritual que não desapareceu da história, apesar de todas as profecias em contrário, mesmo se não ligada a qualquer religião, dá suficiente testemunho disso.

REFERÊNCIAS BIBLIOGRÁFICAS

A RELATIVIDADE de Albert Einstein, a objeção de César Lattes e a proposta de André Assis. Disponível em: <http://stoa.usp.br/cienciacultura/weblog/82774.html>. Acesso em: 8 mar. 2011.

BAUMAN, Z. *Miedo liquido.* Barcelona: Paidós, 2007.

BINGEMER, M. C. L. *O mistério e o mundo*. Rio de Janeiro: Rocco, 2013.

_____. *Um rosto para Deus?* São Paulo: Paulus, 2005.

BOFF, C. *Sinais dos tempos*. São Paulo: Loyola, 1985.

COLLINS, F. S. *A linguagem de Deus*. São Paulo: Gente, 2007.

CONCILIUM 337 (2010/4): "Ateus de que Deus?".

DAMASIO, A. *O erro de Descartes*. São Paulo: Companhia das Letras, 1994.

DAWKINS, R. *Deus, um delírio*. São Paulo: Companhia das Letras, 2007.

EAGLETON, T. *Reason, Faith and Revolution. Reflections on the God debate*. New Haven/London: Yale, 2010.

GAUCHET, M. *Le désenchantement du monde*. Paris: Gallimard, 1985.

HABERMAS, J. *An Awareness of What is Missing. Faith and Reason in a Post-secular Age*. Cambridge: Polity Press, 2010.

HARRIS, S. *Carta a uma nação cristã*. São Paulo: Companhia das Letras, 2008.

HITCHENS, C. *Deus não é grande;* como a religião envenena tudo. Rio de Janeiro: Ediouro, 2007.

JONAS, H. *El principio de responsabilidad:* ensayo de una ética para la civilización tecnológica. Barcelona: Herder, 1995.

LADRIÈRE, J. *A necessidade de uma articulação do sentido*. Paris: Cerf, 1984.

LIMA VAZ, H. C. de. Sinais dos tempos: lugar teológico ou lugar comum? *Revista Eclesiástica Brasileira* (mar. 1972) p. 282-304.

MARDONES, J. M. *En el umbral del mañana. El cristianismo del futuro*. Madrid: PPC, 2000.

_____. *¿Hacia donde va la religión? Postmodernidad y postsecularización*. México: ITESO, 1996.

MAYOR. F. Science. Disponível em: < http://www.universalis. fr/encyclopedie/sciences-vue-d-ensemble/ >.

MEIER, J. P. *Um judeu marginal. Repensando o Jesus histórico*. Rio de Janeiro: Imago, 2003. 3 v.

KÜNG, H. *O princípio de todas as coisas*. Petrópolis: Vozes, 2007.

ONFRAY, M. *Tratado de ateologia*. São Paulo. Martins Fontes, 2007.

SCHATZMAN, E. Sciences. Disponível em: < http://www.universalis.fr/encyclopedie/sciences-vue-d-ensemble/ >.

TEIXEIRA, F. C. Teologia do tempo. Disponível em: < http://fteixeiradiálogos.blogspot.com/2010/ 04/ teologia-no-tempo.html >. Acesso em: 29 maio 2011.

TORRES QUEIRUGA, A. *A revelação de Deus na realização humana.* São Paulo: Paulinas, 1990.

_____. *Fin del cristianismo premoderno;* retos hacia un nuevo horizonte. Santander: Sal Terrae, 2000.

VELASCO, J. M. *El malestar religioso de nuestra cultura.* Madrid: Paulinas, 1993.

WEIL, S. L'Aventure de Descartes a mal tournée. In: *Sur la Science.* Paris: Gallimard, 1966.

IGREJA E SOCIEDADE:
DA *GAUDIUM ET SPES* A NOSSOS DIAS

Mario de França Miranda

INTRODUÇÃO

O tema proposto é demasiado amplo e requer inevitavelmente uma certa delimitação. Pois a constituição pastoral aborda temas o mais diversos possível, como a dignidade e a atividade humana, a família, a cultura, a economia, a política, a construção da paz na comunidade das nações, para citar os principais. De certo modo, todos eles entram na temática do título: Igreja e sociedade. Por isso mesmo vamos nos limitar ao que poderíamos caracterizar como *a presença atuante da Igreja na sociedade*. O adjetivo, aqui, é muito importante, pois sintetiza sem mais a razão de ser da própria Igreja, sua finalidade primeira de proclamar para a sociedade a salvação que nos trouxe Jesus Cristo. Solidária com a humanidade em suas "alegrias e esperanças" (*Gaudium et Spes* 1), a Igreja visa à salvação do ser humano e à renovação da sociedade (GS 3).

Ninguém põe em dúvida que a *Gaudium et Spes* significou uma nova postura da Igreja diante do mundo moderno, como veremos a seguir. Mas devemos ter plena consciência de que cinquenta anos nos separam da data de promulgação desse texto conciliar. Tal fato acarreta duas consequências importantes, que não podem ser silenciadas. A *primeira* delas: a sociedade experimentou rápidas e sucessivas transformações socioculturais nestes últimos anos que poderiam enfraquecer e descredenciar partes do texto conciliar, caso não sejam devidamente consideradas. Tarefa delicada e difícil de atualização da constituição pastoral, já posta em prática por estudiosos da questão, que procuram valorizar suas intuições básicas ao liberá-las das circunstâncias passageiras do contexto em que foram pensadas e expressas. Sintetizando a problemática: como se expressaria essa constituição pastoral se seus autores vivessem hoje na nossa sociedade?

A *segunda* consequência é mais complexa, pois não só mudou a sociedade, mas também mudamos nós que abordamos o texto conciliar. Pois, queiramos ou não, sempre conhecemos a realidade passada ou presente, ou sempre nos debruçamos sobre um texto histórico, a partir do nosso quadro interpretativo, do nosso horizonte cultural, do nosso mundo vital, que abrange interesses, experiências, avaliações e conhecimentos. Portanto, nossa leitura da *Gaudium et Spes* pode não ser a mesma de seus autores, por apresentar novas indagações, novas perspectivas, novas complementações, mesmo acolhendo e reconhecendo o valor desta constituição. Desse modo, apenas constatamos que nosso conhecimento é histórico, fruto da linguagem disponível no momento, sempre aberto a correções e aperfeiçoamentos. Mas é exatamente a conjunção dessas duas consequências que traz *a novidade e o sentido* desta nossa reflexão. Dividiremos a mesma em três partes. Primeiramente veremos o valor dessa constituição pastoral naquele momento histórico da Igreja. Depois examinaremos, à luz das transformações socioculturais, o desafio à Igreja de apresentar uma presença atuante na sociedade. E finalmente buscaremos oferecer a fundamentação teológica para uma adequada atividade evangelizadora da Igreja em nossos dias.

I. AS CONQUISTAS DA *GAUDIUM ET SPES*

1. A RELAÇÃO IGREJA-SOCIEDADE NO PERÍODO ANTERIOR AO VATICANO II

Se caracterizamos essa época com a designação de "cristandade", então constatamos que o relacionamento com a sociedade da parte da Igreja se resumia quase que totalmente no trato com o *Estado*. Já que o Estado assumia o Cristianismo como sua religião oficial, todos os seus súditos eram, sem mais, cristãos. O Cristianismo fundamentava, assim, uma unidade de cunho cultural e político que conferia à população sua identidade nacional. O fato de que também a Igreja se considerasse uma *sociedade perfeita*, embora com finalidade diversa da do Estado, ocasionou frequentes tensões e disputas de poder, como sabemos. Sem dúvida alguma, nesta época a Igreja gozava de poder e de prestígio, usados para a propagação da fé cristã, mas que também a privava da liberdade requerida para sua missão, já que muito dependia do poder civil.

Outra consequência desse estado de coisas e que ainda repercute fortemente em nossos dias vem do seguinte fato. O âmbito político e o âmbito religioso da sociedade se expressaram, dialogaram, entraram em conflito, encontraram soluções apenas *por meio* das autoridades e instituições da Igreja e do Estado. O cidadão cristão não tinha, como cidadão, nenhum peso na área política e, como cristão, nenhuma voz na área religiosa, sendo sempre representado pelas instituições citadas. Se essas, por um lado, o poupavam de uma participação ativa, consciente e crítica por ocasião dos embates cívico-religiosos, por outro lado o condenavam a certa passividade que perdura até nossos dias.

Sabemos que a emancipação de vários setores da sociedade da tutela religiosa rompeu a unidade passada e gerou o *pluralismo* que hoje experimentamos. Foram conquistas do próprio espírito humano, infelizmente olhadas com desconfiança e hostilidade pela hierarquia eclesiástica, como nos demonstram as sucessivas condenações do assim chamado modernismo, gerando uma separação entre Igreja e sociedade. Tal situação tanto prejudicou a Igreja, por não se enriquecer com as conquistas da sociedade civil, tendo dificuldade em se fazer entender e aceitar numa época de mudanças, quanto a própria sociedade civil, por não mais receber da Igreja os valores que no passado fundamentaram a convivência das pessoas e dos povos.

2. O NOVO RELACIONAMENTO SEGUNDO A *GAUDIUM ET SPES*

Vamos apontar apenas as mudanças que parecem mais incisivas para o nosso objetivo. A primeira delas diz respeito à *nova metodologia* adotada. Não mais partir de declarações doutrinais gerais, como se fazia tradicionalmente, mas refletir a realidade na perspectiva da fé cristã. Para isso faz-se mister conhecê-la, acolhê-la, valorizá-la, corrigi-la e fortalecê-la à luz das verdades reveladas. Desse modo, apoia as aspirações mais profundas da pessoa humana (n. 4-10), defende a dignidade de cada ser humano, lança um novo olhar para a sociedade humana como espaço da realização do Reino de Deus (n. 34-39).

O Concílio assume a concepção correta de Reino de Deus, elimina a noção espiritualista de salvação, valoriza a criação e reconhece o esforço humano pela convivência pacífica (n. 34), bem como a justa autonomia das realidades terrestres (n. 36). A relação com a sociedade é de diálogo, mútua colaboração e responsabilidade. O texto estimula o laicato a assumir sua vocação cristã através de suas atividades profissionais e sociais. Reconhece que também a sociedade contribui para a vida da

Igreja (n. 40): fornece-lhe o horizonte cultural que capacita o ser humano a se desenvolver, a linguagem de cada região para a comunicação eficaz da mensagem cristã, novas formas de instituições sociais para realizar melhor sua missão (n. 44).

A sociedade não mais é abordada através da autoridade civil, como no passado, mas por meio da "comunidade civil", já que todos os seus membros devem estar empenhados na prossecução do bem comum (n. 74). Sendo a sociedade pluralista, todos os grupos devem poder se associar e emitir suas opiniões, participando da vida e do governo do país (n. 73). Embora sem expressar claramente, o Concílio defende o regime democrático ao condenar ditaduras e totalitarismos (n. 75). Ao defender o bem comum e a liberdade de todos participarem da vida pública, a Igreja, sem assumir uma determinada linha política, não é indiferente aos partidos, mas procura sempre salvaguardar a pessoa humana em sua integridade, a saber, "o caráter transcendente da mesma" (n. 76).

Embora autônomas e independentes em seu campo, Igreja e sociedade política devem *colaborar*, pois ambas estão a serviço da vocação pessoal e social dos mesmos seres humanos (n. 76). Essa colaboração, que pode ser multiforme, não exige vantagens e privilégios. O único bem que a Igreja pede da sociedade política é a liberdade para poder levar a cabo sua missão, a qual lhe confere o direito de emitir um juízo de cunho moral, não político, sempre que estiverem em jogo "os direitos fundamentais da pessoa e a salvação das almas" (n. 76).

O Concílio insta a formação civil e política de todos para que possam participar ativamente da vida social, mesmo assumindo posições diversas enquanto cristãos, já que não representam a posição oficial da Igreja, embora em algumas ocasiões estejam, de fato, assumindo-a (n. 76). Entretanto, essa distinção não é facilmente percebida pela sociedade.

II. IGREJA E SOCIEDADE: O DESAFIO HODIERNO

1. AS TRANSFORMAÇÕES SOCIOCULTURAIS POSTERIORES AO CONCÍLIO

Certamente o mundo de cinquenta anos atrás, embora ainda com muitas características do nosso atual, *não é mais* o mundo em que hoje vivemos. Nos defrontamos em nossos dias com desafios novos, abrangentes, urgentes. O pluralismo cultural se desenvolveu ainda mais com a emergência de novos campos do saber, com a crescente complexidade da vida moderna, com a facilidade e rapidez provocada pelos modernos meios de comunicação. A ausência de valores consistentes assumidos por todos na sociedade pluralista leva a um certo relativismo, a identidades pessoais frágeis, ao medo da falta de sentido na vida. Não nos admira que ganhe força certo fundamentalismo de cunho político e religioso, por oferecer marcos sólidos e certezas ansiadas. Certamente um forte golpe no ideal da modernidade e no triunfo da razão.

Também hoje vivemos no interior de uma "consciência planetária" pelo fato de estarmos numa *sociedade globalizada*, na qual qualquer evento em qualquer parte do planeta repercute inevitavelmente sobre todas as suas regiões, por mais distantes que estejam. Embora a globalização cultural ofereça a todos os povos as conquistas científicas e as riquezas culturais, a globalização econômica impõe a todos o consumo dos mesmos bens seguindo a lógica do mercado e do lucro maior. Desse modo, tende a homogeneizar artificialmente as necessidades básicas em favor das poderosas multinacionais.

Dentro dessa mesma lógica neoliberal de produtividade e de lucro, a natureza vem sendo cada vez mais depredada, ameaçando os equilíbrios das biosferas, das condições climáticas, e até dos recursos básicos para a sobrevivência humana, como a água e o ar. A *hegemonia do fator econômico* diminuiu bastante o poder da classe política, fato este que explica a ausência, em nossos dias, de grandes líderes mundiais que sejam capazes de encarar corajosamente as tragédias já anunciadas que ameaçam o planeta, ou até mesmo diminuir as desigualdades socioeconômicas entre os países pobres e ricos. O consumismo desenfreado dos privilegiados, a ganância voraz por bens terrenos e a corrupção moral presente nas classes dirigentes são apenas consequências da mesma causa.

O advento do *Estado leigo* nas modernas sociedades pluralistas deve ainda se enfrentar com problemas que dificultam sobremaneira a convivência de seus cidadãos. A presença simultânea de culturas diferentes e de padrões de comportamento diversos, por exemplo, dificulta a identidade cultural de uma nação, tal como vem ocorrendo nos países europeus com um contingente expressivo de árabes islamitas. O imprescindível consenso em torno de valores fundamentais carece de fundamentos convincentes, em parte porque suas raízes se encontram no próprio Cristianismo, como confirma a história ocidental. Noções como "autonomia", "individualidade", "emancipação", "solidariedade", que constituem pressupostos pré-jurídicos necessários para um consenso básico, deitam suas raízes no Cristianismo. Portanto, o Estado moderno não deve cair num certo laicismo que impeça a colaboração de tradições religiosas que se apresentam como fontes de sentido.

2. NOVA PRESENÇA DA IGREJA NA SOCIEDADE

Já que a vida cristã não pode ser confinada ao âmbito individual e familiar, mas deve ser vivida socialmente com atitudes e comportamentos específicos, deve a Igreja *influir na vida social e pública*. Sua preocupação pelo bem comum, pela justiça social e pela solidariedade brota da própria fé cristã e dela exige que entre em cheio nos debates em curso na sociedade pluralista. Naturalmente esse imperativo pressupõe a formação de quadros competentes na própria Igreja, cuja quase ausência se faz notar em nossos dias. Sobretudo que sejam capazes de "traduzir" a linguagem doutrinal e ética vazada em termos religiosos para expressões e práticas que possam ser entendidas e vividas por todos nesta sociedade pluralista.

A Igreja que gozava de poder e prestígio do passado desaparece na atual sociedade pluralista e secularizada. Não mais aliada ao poder civil, ela goza de maior liberdade. Diante da complexidade da vida moderna, das diversas linguagens e subculturas nela coexistindo, se encontram as autoridades eclesiásticas em dificuldade diante da amplidão do desafio evangelizador. Assim, cada vez mais, ganham força as intuições certeiras do Concílio Vaticano II em seu decreto sobre o apostolado dos leigos, *Apostolicam Actuositatem*. São eles que experimentam os desafios concretos, as situações-limite, as tensões existenciais, as pressões hedonistas, a mentalidade utilitarista, presentes na atual sociedade. São eles que dispõem do conhecimento e da linguagem dos mais diversos setores sociais para levar adequadamente a Palavra de Deus a todos. São eles que comunicam suas convicções pessoais e suas experiências salvíficas numa sociedade descrente de arrazoados doutrinais, morais ou jurídicos.

O pluralismo de discursos que se chocam e se relativizam aponta para o *testemunho de vida* como um importante fator evangelizador, que atinge mais fortemente nossos contemporâneos. O comportamento singular do cristão, muitas vezes em franca oposição à cultura individualista da sociedade, testemunha sua fé em Deus, aponta para verdades transcendentes, desvela o sentido último da existência, demonstra ser o ideal cristão do amor uma realidade e não apenas uma utopia. Certamente a linguagem do testemunho, à semelhança dos primeiros séculos do Cristianismo, irá ganhar uma importância cada vez maior na missão salvífica da Igreja, denunciando um excesso de racionalização e de moralismo na versão ocidental da fé cristã que, ainda hoje, dificulta que a mensagem cristã seja captada em toda a sua beleza e atratividade.

Outra característica da Igreja futura em sua relação com a sociedade diz respeito à *colaboração* em vista dos objetivos de paz e de justiça. Pois teremos uma Igreja mais frágil, humilde, modesta mesmo, apoiada não no poder humano, mas na força de Deus. A abertura às demais Igrejas cristãs e às outras religiões, iniciada no Vaticano II, extensiva a todos os que lutam por um mundo melhor, independente da trincheira onde se encontrem, caracterizará fortemente o intercâmbio da Igreja com a sociedade. Os problemas da humanidade são também os problemas da Igreja, sepultando de vez uma concepção espiritualista da salvação cristã.

Numa época em que o rolo compressor dos interesses econômicos esmaga outros valores e ameaça a *dignidade da pessoa humana*, vista, então, como uma simples peça substituível na máquina da eficácia e da produtividade, a mensagem evangélica do amor fraterno ganha uma valoração mais intensa como fator de humanização da sociedade. É importante que nossos contemporâneos percebam na pessoa de Jesus Cristo a revelação do Deus que quer a felicidade do ser humano e o advento de uma sociedade onde reine a paz e a justiça. Para tanto a Igreja deve manifestar a sua dimensão "religiosa" (doutrina, instituição, ética, direito eclesial), indispensável para caracterizar sua identidade, mas, sobretudo, estar a serviço da fé vivida, da gratuidade fraterna, da luta por um mundo mais justo. No Cristianismo não se encontra a Deus prescindindo do próprio semelhante. Na medida em que ele é coerente com essa verdade, ganha ele mais credibilidade e força atrativa.

III. FUNDAMENTAÇÃO TEOLÓGICA DESTA NOVA PRESENÇA

1. A CENTRALIDADE DO REINO DE DEUS PARA A FÉ CRISTÃ

Se a pessoa de Jesus Cristo, vida, palavras e ações, constitui o núcleo da nossa fé, então necessariamente devemos enfatizar a realidade caracterizada como o *Reino de Deus*. Sem ela a pessoa de Jesus não pode ser entendida, já que nela temos todo o objetivo de sua vida. De fato, Jesus sempre manifestou ter sido enviado pelo Pai para levar à plenitude o desígnio salvífico de Deus, já iniciado na criação do ser humano com a finalidade de fazê-lo participar de sua vida e de sua felicidade. Naturalmente está incluída neste desígnio a sociedade humana, sem a qual a pessoa humana não consegue sua realização. Esse Reino constitui o quadro no qual as palavras e as ações de Jesus Cristo recebem sentido e pertinência.

"Cumpriu-se o tempo e o Reino de Deus está próximo" (Mc 1,15s). Desse modo, Jesus atesta que o Reino irrompe definitivamente em sua pessoa e sua vida consistirá em promovê-lo. E o faz levando vida, paz, perdão e esperança a seus contemporâneos. Seu ensinamento e sua atitude visavam à implantação de uma sociedade fraterna e justa na obediência à vontade de Deus. Seus seguidores constituem a família de Deus, enquanto filhos do mesmo Pai e irmãos entre si (Mt 12,48-50). Mas também constituem o Povo de Deus enquanto concretizam uma sociedade alternativa à sociedade marcada pelo egoísmo e pelo pecado, pela injustiça e pelo sofrimento dos mais fracos. Pois ao Cristianismo incumbe ser a própria sociedade querida por Deus, redimida por Cristo, animada pelo Espírito Santo, antecipação na terra da comunidade celeste, haja vista que nela não se prega somente, mas se vive a liberdade, o amor e a justiça. Como afirma o Papa Francisco: "Deus, em Cristo, não redime somente a pessoa individual, mas também as relações sociais" (*Evangelii Gaudium* 178).

Portanto, o Deus dos cristãos é o Deus do Reino, cuja ação salvífica na história humana busca a realização de uma convivência realmente fraterna entre os seres humanos (EG 180). Contudo, sua atividade não se efetiva sem a colaboração do próprio ser humano, como nos atesta a própria Bíblia. De fato, quando homens e mulheres renunciam a suas tendências egoístas e vivem a caridade cristã dedicando-se aos demais, então irrompe realmente o Reino de Deus. Como afirma o Papa Francisco: "Uma fé autêntica, que nunca é cômoda nem individualista, comporta sempre um profundo desejo de mudar o mundo, transmitir valores, deixar a terra um pouco melhor depois de nossa passagem por ela" (EG 183). Desse modo, *crer no Deus do Reino* exige participar pessoalmente de seu plano salvífico, incutir amor e justiça na sociedade, lutar pela dignidade e pelos direitos da pessoa humana, numa palavra, ser um agente de humanização. Tal é a verdadeira fé que atua pelo amor (Gl 5,6). Daí podermos afirmar que "evangelizar é tornar o Reino de Deus presente no mundo" (EG 176).

O comportamento de Jesus Cristo com relação às realidades "religiosas" de seu tempo confirma nossa argumentação. Pois relativizava locais, tempos, tradições e autoridades sagradas sempre em favor do ser humano em necessidade, como nos atestam os vários episódios narrados pelos Evangelhos. O sagrado, para Jesus, era o próprio *ser humano* (Lc 10,25-37; Mt 25,31-46). Para ele, o relacionamento com o Deus do Reino não podia descartar o próprio semelhante nem ignorar as condições reais em que vivia. Com outras palavras, a fé cristã implica mais do que se ater a práticas religiosas, porque nos leva para além de nós mesmos, libertando-nos de nossos egocentrismos e lançando-nos na aventura da construção do Reino. A fé é, portanto, participar da missão iniciada em Cristo, é sentirmo-nos responsáveis pelo projeto divino. Naturalmente a vida de fé necessita de sinais exteriores que a manifestem (doutrina, culto, ética, comunidade), pois assim se torna mais consciente, mais forte, mais lúcida.

2. O PROJETO DO REINO NA *GAUDIUM ET SPES*

Já no início da constituição pastoral vem claramente afirmado que a Igreja deseja colaborar para "o estabelecimento de uma fraternidade universal", pois "é a pessoa humana que deve ser salva. É a sociedade humana que deve ser renovada" (n. 3). E mais adiante enuncia taxativamente que a missão da Igreja não só comunica a vida divina aos homens, "mas também irradia a sua luz, de certo modo refletida sobre o mundo inteiro, principalmente porque restabelece e eleva a dignidade da pessoa humana, fortalece a coesão da sociedade humana e reveste de sentido mais profundo e de significação a atividade cotidiana dos homens" (n. 40). E como a Igreja é constituída pela comunidade dos fiéis, cabe aos cristãos essa responsabilidade de promoção do Reino. "Deste modo, aderindo fielmente ao Evangelho e alimentados com as suas forças, unidos a todos os que amam e praticam a justiça, receberam uma tarefa imensa a ser desempenhada nesta terra e da qual devem prestar contas" (n. 93).

A constituição pastoral corrige, assim, uma compreensão demasiado espiritualista da salvação cristã que marcou o Cristianismo no passado, separando graça e natureza, vida cristã e vida cotidiana, Igreja e sociedade. Não admira presenciarmos, hoje, a emergência de humanismos laicos, paradoxalmente inspirados na mensagem cristã que rejeitam. O elo entre fé cristã e humanização se fundamenta na própria encarnação do Filho eterno de Deus. Vejamos. Já que toda a realidade foi criada em vista de Jesus Cristo (Cl 1,16), a humanidade de Cristo precedeu e atuou como matriz de todo o gênero humano, constituindo o ser humano querido por Deus. Daí também São João afirmar: "Esta era a luz verdadeira, que vindo ao mundo ilumina todo homem" (Jo 1,9). Daí a importante afirmação da *Gaudium et Spes*: "Cristo manifesta o homem ao próprio homem e lhe descobre a sua altíssima vocação" (n. 22). E a revelação do que deva ser o homem se encontra na própria vida terrena do Filho de Deus. Pois não só assumiu nossa natureza, abstratamente falando, mas mostrou *ao longo de seus dias* o que significa ser realmente humano. Uma existência humana acionada por seu projeto de vida: fazer irromper na humanidade o Reino de Deus, fazer a vontade do Pai, fazer da humanidade a família de Deus (Mt 12,48-50).

Consequentemente, a humanização de Deus em Jesus Cristo transcende o simplesmente humano porque supera e elimina qualquer elemento desumanizante. Jesus supera e transcende as limitações do meramente humano manifestando-nos o humano em toda a sua plenitude. O Cristianismo nada rejeita do humano, mas luta contra tudo o que desumaniza a pessoa. Como afirma o Papa Francisco: "Chegamos a ser plenamente humanos, quando somos mais do que humanos, quando permitimos a Deus que nos conduza para além de nós mesmos a fim de alcançarmos o nosso ser mais verdadeiro" (EG 8).

Diante de uma cultura desumanizante, marcada pelo culto à eficácia e à produtividade, submissa ao dinheiro e ao consumismo, que considera a pessoa humana apenas como uma peça substituível na engrenagem produtiva, a missão do Cristianismo consiste em *humanizar esta sociedade*, ajudando a pessoa humana a encontrar o sentido de sua própria dignidade, de sua liberdade e de sua transcendência. Nessa luta se encontra Deus, cujo projeto do Reino é uma humanidade feliz na vivência do amor fraterno e da justiça. Mesmo sem reduzirmos o Cristianismo a um mero humanismo, podemos afirmar que trabalhar pela autêntica humanização da sociedade é trabalhar pela verdadeira salvação da humanidade.

3. O ESPÍRITO SANTO NA LUTA HISTÓRICA PELO REINO

Às vezes, ao considerar os males que afligem o mundo em nossos dias, podemos duvidar do projeto do Reino e vê-lo somente como uma utopia, ou, mais francamente, como um sonho nosso que jamais se realizará. Temos, então, a impressão que o bem realizado por muitos é suplantado de sobra pelo mal dominante por toda parte. Mesmo que reconheçamos que o bem não dispõe da publicidade de que goza o mal, embora seja uma realidade universal, a questão permanece. Aqui deveríamos ter consciência de que o Reino é *de Deus* e que é ele o ator principal de sua execução. Essa verdade é muito importante para mantermos viva nossa esperança e para alcançarmos uma fé madura, mais confiante em Deus do que em nossos juízos humanos.

Deus é o Senhor da história e age por meio de mediações humanas. Sua ação se realiza pelo *Espírito Santo*, que inspira e fortalece os seres humanos nas opções pelo Reino. Com outras palavras, "o Espírito de Deus, que dirige o curso da história com providência admirável e renova a face da terra, está presente nesta evolução" (GS 26). Pois é a presença atuante de Deus fazendo a história caminhar para um futuro que, embora só alcançado em sua perfeição na outra vida, já agora *se antecipa* sempre onde acontece caridade, justiça, partilha, ajuda aos mais pobres. A ação do Espírito em nós é a mesma que levou Jesus Cristo a dar vida a seus contemporâneos necessitados. Portanto, não nos deve admirar que experimentemos a reação negativa e até mesmo hostil dos que usufruem da injustiça e do poder. Tal aconteceu na vida de Cristo e tal também sucede na vida dos que seguem os ditames do Espírito. As dificuldades e os sofrimentos causados não só pelos de fora, mas também por autoridades da Igreja, aparecem, frequentemente, na vida dos santos.

Acolher a lógica de Deus, que não é a nossa, aceitar que na fragilidade humana é que se manifesta a força de Deus, reconhecer que a implantação do Reino foge aos nossos critérios, significa que a Igreja, em sua missão de "tornar o Reino de Deus presente no mundo" (EG 176), poderá realizá-la carecendo de poder e de prestígio. O panorama que podemos hoje descortinar indica um *novo posicionamento da Igreja na sociedade*. Voltaremos aos primeiros anos do Cristianismo, quando, então, os cristãos difundiam a fé cristã através de suas palavras e de suas vidas, no contato pessoal e sem ajuda do poder civil. Para os que sentem saudade da época da cristandade, uma perda, mas, para os que confiam no Espírito de Deus, uma oportunidade de uma vida cristã mais próxima à de Jesus Cristo e, portanto, mais autêntica e verdadeira.

REFERÊNCIAS BIBLIOGRÁFICAS

CASTILLO, J. M. *La humanización de Dios. Ensayo de cristología.* Madrid: Trotta, 2009.

DIANICH, S. *Chiesa e laicità dello Stato.* Milano: San Paolo, 2011.

_____ *La Chiesa Cattolica verso la sua reforma.* Brescia: Queriniana, 2014.

FRANÇA MIRANDA, M. *A Igreja que somos nós.* São Paulo: Paulinas, 2013.

KAUFMANN, F.-X. *A crise na Igreja.* São Paulo: Loyola, 2013.

LOHFINK, G. *Deus precisa da Igreja? Teologia do povo de Deus.* São Paulo: Loyola, 2008.

_____. *Jesus von Nazareth. Was er wollte, wer er war.* Freiburg: Herder, 2011.

ROUET, A. *La chance d'un christianisme fragile.* Paris: Bayard, 2001.

_____. *L'Étonnement de croire.* Paris: Atelier, 2013.

SOBRE OS AUTORES

GERALDO LUIZ DE MORI

Sacerdote jesuíta. Doutor em Teologia pelo Centre Sèrves – Facultés Jésuites de Paris (França). Pós-doutorado pelo Institut Catholique de Paris. Professor adjunto no Departamento de Teologia da FAJE, do qual é também diretor e coordenador. Currículo Lattes: <http://lattes.cnpq.br/7571863847274070>.

ISIDORO MAZZAROLO

Sacerdote OFMCap. Ph.D. em Sagrada Escritura pela École biblique et archéologique française de Jérusalem (EBAF). Professor de Sagrada Escritura do Departamento de Teologia da Pontifícia Universidade Católica do Rio de Janeiro e no Instituto Franciscano de Petrópolis/RJ. Currículo Lattes: <http://lattes.cnpq.br/6728608103744343>.

LEONARDO AGOSTINI FERNANDES

Sacerdote da Arquidiocese de São Sebastião do Rio de Janeiro. Doutor em Teologia Bíblica pela Pontifícia Universidade Gregoriana de Roma. Diretor e professor de Sagrada Escritura no Departamento de Teologia da Pontifícia Universidade Católica do Rio de Janeiro e professor de Sagrada Escritura do Instituto Superior de Teologia da Arquidiocese do Rio de Janeiro. Currículo Lattes: <http://lattes.cnpq.br/6431968963433274>.

LUÍS CORRÊA LIMA

Sacerdote jesuíta. Doutor em História pela Universidade de Brasília. Professor de História da Igreja do Departamento de Teologia da Pontifícia Universidade Católica do Rio de Janeiro. Currículo Lattes: <http://lattes.cnpq.br/0966582253591339>.

LUIZ FERNANDO RIBEIRO SANTANA

Sacerdote diocesano. Doutor em Teologia Sistemática pela Pontifícia Universidade Católica do Rio de Janeiro. Professor de Teologia Sistemático-Pastoral do Departamento de Teologia da Pontifícia Universidade Católica do Rio de Janeiro e do Instituto Superior de Teologia da Arquidiocese do Rio de Janeiro. Currículo Lattes: <http://lattes.cnpq.br/9158821686918422>.

MARIA CLARA LUCCHETTI BINGEMER

Doutora em Teologia Sistemática pela Pontifícia Universidade Gregoriana de Roma. Professora de Teologia Sistemático-Pastoral da Pontifícia Universidade Católica do Rio de Janeiro. Pesquisadora 1A do CNPq. Currículo Lattes: <http://lattes.cnpq.br/8374950313063279>.

MARIA TERESA DE FREITAS CARDOSO

Doutora em Teologia pela Pontifícia Universidade Católica do Rio de Janeiro. Professora de Teologia Sistemático-Pastoral do Departamento de Teologia da Pontifícia Universidade Católica do Rio de Janeiro. Currículo Lattes: <http://lattes.cnpq.br/8364001674581032>.

MARIO DE FRANÇA MIRANDA

Sacerdote jesuíta. Doutor em Teologia pela Pontifícia Universidade Gregoriana de Roma. Professor de Teologia Sistemático-Pastoral da Pontifícia Universidade Católica do Rio de Janeiro. Currículo Lattes: <http://lattes.cnpq.br/1785242776254374>.

WALDECIR GONZAGA

Sacerdote diocesano. Doutor em Teologia Bíblica pela Pontifícia Universidade Gregoriana de Roma. Professor de Sagrada Escritura do Departamento de Teologia da Pontifícia Universidade Católica do Rio de Janeiro e do Instituto Superior de Ciências Religiosas da Arquidiocese do Rio de Janeiro. Currículo Lattes: <http://lattes.cnpq.br/9171678019364477>.

Impresso na gráfica da
Pia Sociedade Filhas de São Paulo
Via Raposo Tavares, km 19,145
05577-300 - São Paulo, SP - Brasil - 2016